たった**2**コの食材でキレイになれる

魔法の"ニコサラダ"

美容エディター **門司紀子**

JN012475

「ニコサラダ」とはズバリ、
食材2コで作るサラダ。

美容や健康にいい食材を使い、栄養バランスをサポートしつつ、
新鮮な組み合わせで、鮮やかな見た目にテンションもアップ。
食べているうちに、肌もボディもココロも上向きになって、
自然とニコニコになれるサラダのこと。

私は2017年6月から毎週土曜に、「美容エディター・門司紀子のToday's
SALAD」という連載を担当。肌や体の健やかさを保つ「美容食材」を使った、
手軽に作れる彩り豊かなサラダレシピを考案し、発信しています。総レシピ
数は180にも及び、「いつかこの連載を本にまとめたい…」と思っていた矢
先、『美的』の編集者から提案をもらい、急遽(きゅうきょ)この本を作ることに！　でも本
にするならただのまとめではなく、新しい提案を…ということで思い付いた
のが、食材2コで作るサラダ＝「ニコサラダ」です。デパ地下やカフェで見
かけた彩り豊かなサラダを再現しようといろいろな食材を買って、結局、そ
れ以外どう使ったらいいのかわからずに余らせてしまった…そんなもったい
ない経験ありませんか!?　「ニコサラダ」はキレイになるための栄養価を
意識した2食材の組み合わせ。食材ふたつだから気軽に作りやすいうえ、ひ
とりでも食べ切れる程度の「作りやすい分量」のレシピで提案します。

とにかく簡単！　栄養バランスよく、彩りよく、食材ロスも少なく、
サラダをさくっとおいしく、でも欲張りに楽しみたい方へ！
「ニコサラダ」で体の中からキレイ、ニコニコ笑顔な毎日が続きますように。

「ニコサラダ」はこんな方におすすめ！

☑ 疲れて帰宅した日の夕飯は、手軽に作れるサラダくらいで済ませたい！

☑ 料理が正直苦手…失敗なく簡単に作れておいしいレシピが知りたい！

☑ 単調になりがちなサラダのバリエーションを増やしたい！

☑ 野菜を余らせて、ダメにしてしまうことが多々ある。

☑ せっかく作るのなら、栄養バランスのいいものを食べたい！

☑ おもてなしにも喜ばれる、映えておいしいサラダレシピを知りたい！

☑ 野菜はもちろん、フルーツも好き！ サラダにも活用したい。

☑ 「美肌」「エイジングケア」「美ボディ」など目的に合わせて食にもこだわりたい！

シンプルだからこそこだわりたい！
「ニコサラダ」の調味料選びのコツ

オイルはケチらず「イイモノ」を

オリーブオイル

「オリーブオイル」の中でも厳しい基準をクリアした最高品質の「エクストラヴァージン」を選んで。主成分であるオレイン酸は酸化しにくく、悪玉コレステロールを減らす効果が。また抗酸化物質であるポリフェノールやビタミンEも含み、キレイを目指すのにも◎。フルーティな風味で後味さっぱり、仕上がりがグレードアップ。

ごま油

オレイン酸や、体内で生成できないリノール酸、抗酸化力の高いセサミンやビタミンEが豊富。芳醇な香りとコクをサラダに添えたいときに。「ニコサラダ」では中華風の味付けに使用。カロリーは高めなので、とり過ぎには注意を。

太白ごま油

ごまを焙煎せずに低温で絞っているので、強い香りやクセがないのが特徴。よりあっさりと味付けしたいときに使用。サラダ油よりも断然ヘルシーなので、加熱せずにサラダに使うのにおすすめの油。米油でも代用可。

お酢類は数種を使い分けて

白ワインビネガー

白ワインを酢酸発酵させて作られる果実酢。酸味が強くもフルーティな味わい。一般的な酢より糖質が少なくカロリーも控えめ。素材の風味を邪魔しないので、洋風サラダの味付けに。

赤ワインビネガー

赤ワインを酢酸発酵させて作られる果実酢。白ワインビネガーに比べ、深みのある芳醇な香りとまろやかな味わいが特徴的。サラダにコクを出したいときに。ない場合は白ワインビネガーで。

バルサミコ酢

ぶどうの果汁を濃縮させ、樽で長期間自然に発酵熟成させた果実酢。コクのあるまろやかな酸味で、シンプルなサラダに深みをプラス。

米酢

サラダに使うのなら穀物酢ではなく、香り高く、ツンとせずまろやかな酸味の米酢を。アミノ酸を豊富に含み、ダイエットや疲労回復にも◎。

レモン汁は「有機」がベスト

オーガニックのレモンをその都度絞って使うのがもちろんベストですが…食材ふたつの「ニコサラダ」では瓶入りのレモン果汁を使用。おすすめは「有機」と記載があるもの、さらに「ストレート果汁」がおすすめ。抗酸化効果のあるビタミンCと疲労回復にもいいクエン酸が豊富なレモンは爽やかな風味を加えるだけでなく、食材の酸化を防ぐ役割も。

こしょうは粉末ではなく「粒」の黒こしょうを挽いて

こしょうは「粒（ホール）」の黒こしょうを、ミルなどでその都度挽いて使うのがおすすめ。強い香りが楽しめるうえ、噛んだときにガリッと辛味を感じ、味のアクセントにも。サラダの仕上がりにもひねりが加わり、おしゃれに見えます。

＼ ボウルひとつで"あえる"のが定番 ／
「ニコサラダ」調理のコツ

「ニコサラダ」のレシピの大半が、ボウルに食材を入れ、油＆調味料を加えてあえるだけ（一部、ドレッシングを先にボウルで作ってから食材を加えてあえる場合も）。ボウルでざっくり混ぜることで油や調味料が少なめでも全体に味が行き渡り、ヘルシーな仕上がりに。出来合いのドレッシングを使うのではなく、いつでも食べる直前に味付けするので、よりフレッシュなおいしさを楽しめます！

本書の使い方

- 大さじ1は15mL、小さじ1は5mLです。
- 「少々」は、親指と人差し指でつまんだ約小さじ1/8、「ひとつまみ」は約小さじ1/5の量です。
- 電子レンジでの加熱時間は、600Wを基準とした目安です。
- 火加減や加熱時間は環境によって異なるので、様子を見ながら調整を。
- 野菜を洗う、皮をむくなどの下準備は一部省略しています。
- ハチミツを使ったレシピは、1歳未満の乳児には与えないでください。
- オリーブオイルはすべて、エクストラヴァージンオリーブオイルを使っています。
- 砂糖は白砂糖ではなく、優しい甘みのきび砂糖を使用しています。
- サラダは鮮度が落ちやすいので「3〜4日は冷蔵保存可」などの注釈がない限り、作ったその日のうちに食べきるか、夜作った場合は翌日の午前中には食べきってください（数時間置く場合ももちろん冷蔵保存を）。
- それぞれのメイン食材の「キレイをサポートしてくれる栄養素」を管理栄養士の監修で解説しています。
- このサラダをとることで期待できる6つの美容効果を示しています。

（ 潤い美肌 ）
（ 透明感アップ ）
（ エイジングケア ）
（ 美ボディ ）
（ 美髪 ）
（ デトックス ）

CONTENTS

Avocado

アボカド

〝森のバター〟とも呼ばれ、栄養値はまさに優等生！
満足感の高い濃密な味わいで、食べ応えあるサラダが完成。

キレイをサポートしてくれる栄養素は…

ビタミンE

通称「若返りのビタミン」。抗酸化作用が高く、肌や血管の老化の原因となる活性酸素の働きを抑制。

カリウム

余分な塩分を排出する働きがあるため血圧やむくみの解消に役立つ。水にさらすと流れ出るので注意。

食物繊維

便秘の解消など腸内環境の整備に必須。さらに血糖値やコレステロール値の上昇を抑える効果も。

オレイン酸

善玉コレステロールを増やし悪玉コレステロール値を下げてくれる。便秘を解消する効果もあり。

and more…

貧血予防や妊娠中に摂りたい葉酸、免疫力の維持や美肌効果の高いビタミンC、ミネラル類も含有。

[食べごろのおいしいアボカドを見分けるコツは…]

Check 1

皮の色が緑ではなく、
黒っぽくなっている

※実が硬く皮が緑の場合は、常温に
数日置いて様子を見て。

Check 2

軽く握ってみて
実が程よく柔らかい
感触になっている

※サラダをおいしく仕上げたいなら、
柔らかすぎないものを選ぶのがベスト。

Check 3

へたが少し浮いて、
実の間に
隙間ができている

覚えておきたい！

How to
アボカドの基本のカット法

1 アボカドは縦中央にナイフを入れ、種に沿って一周ぐるっと切り込みを入れる。その後、実を逆方向に両手で回しながらぱかっとふたつに分ける。

2 包丁のあごを種にしっかりと刺し、ぐるっとひねるようにして種を取り除く。

3 アボカドの果肉にさいの目に切り込みを入れ、スプーンですくう（薄くスライスしたい場合は、皮に少し切り込みを入れてピリピリと皮を手ではいで取り除いてからスライスする）。

アボカドと
オレンジのサラダ

抗酸化効果たっぷりのオレンジとの組み合わせ！
まろやかなアボカドの風味に爽やかさが加わって王道のおいしさ。

[材料] 作りやすい分量

アボカド … 1個

オレンジ … 1個

レモン汁 … 小さじ1

オリーブオイル … 大さじ1

塩 … ひとつまみ

黒こしょう … 少々

[作り方]

1 アボカドをカット（P.11参照）しボウルに入れ、レモン汁を振っておく。

2 オレンジはまず両端を切り落とし、上端から包丁を横に入れ、くるくる回しながら皮をむいていく。

3 オレンジの果実は縦半分にカットした後、さらに縦半分に切り、幅7〜8mmの食べやすい大きさにカット。

4 1のボウルに3、オリーブオイル、塩・黒こしょうを加え、スプーンなどでざっくりあえて味を調える。

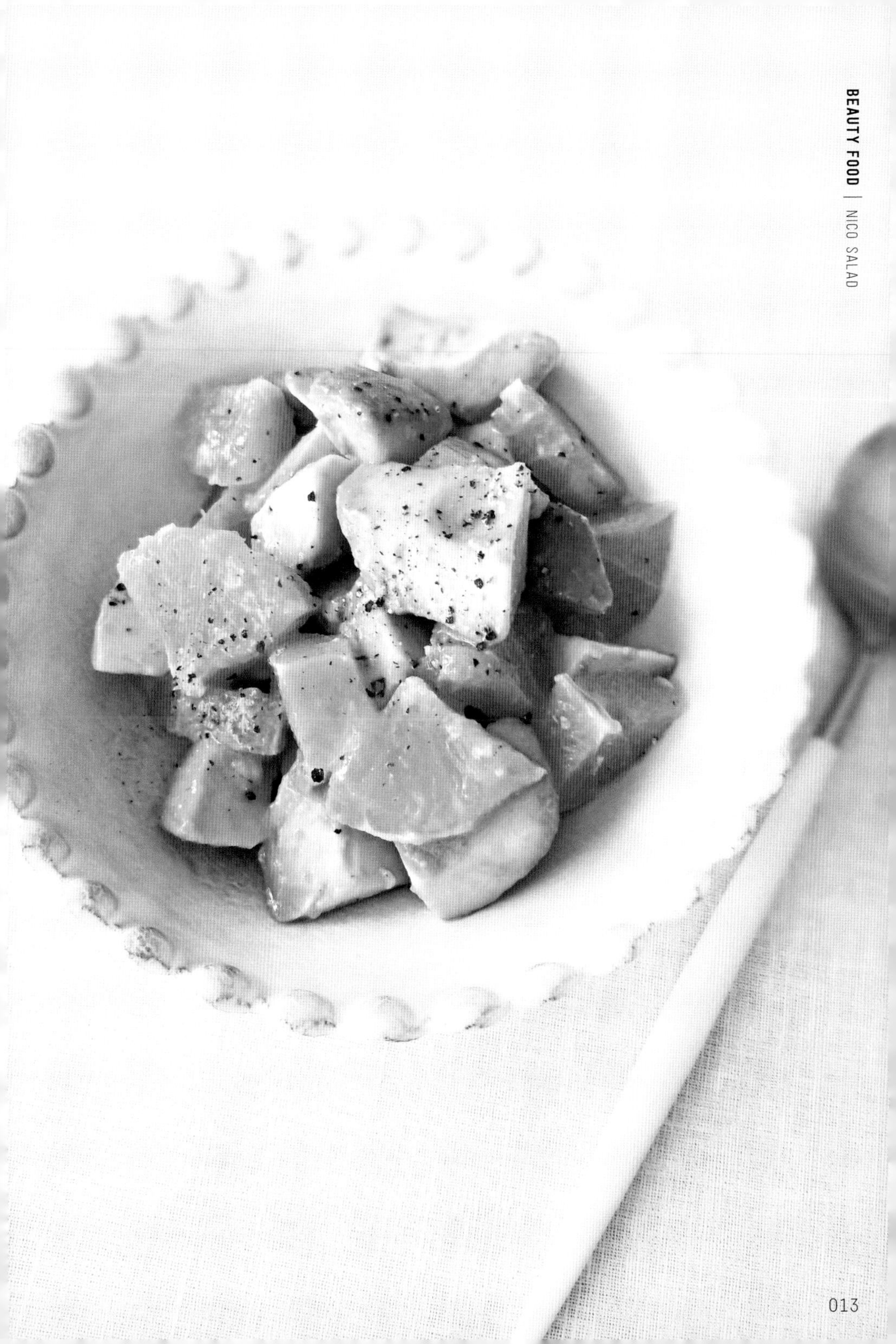

Variation

基本の味付け＋αで新鮮なおいしさ！
アボカド×爽やか果実のニコサラダ

アボカド×キウイ

キウイの酸味×ナンプラーで
味付けにひとひねり。

[材料と作り方]

1 アボカド1個をカット（P.11参照）しボウルに入れ、レモン汁小さじ1を振っておく。キウイ1個は皮をむき、縦半分に切ってから厚さ4mmに切る。

2 ボウルにキウイも入れ、ナンプラー小さじ1、オリーブオイル大さじ1、塩ひとつまみ、黒こしょう少々を加えてざっくりあえる。

潤い美肌　透明感アップ　エイジングケア　美ボディ

アボカド×グレープフルーツ

グレープフルーツの香りによる
ダイエット効果にも期待！

[材料と作り方]

1 アボカド1個をカット（P.11参照）しボウルに入れ、レモン汁小さじ1を振っておく。グレープフルーツ1/2個は皮をむき、実を食べやすい大きさにちぎる。

2 ボウルにグレープフルーツも入れ、オリーブオイル大さじ1、塩ひとつまみ、黒こしょう少々を加え、ざっくりあえる。皿に盛り、包丁で粗く刻んだアーモンドを適宜トッピング。

潤い美肌　透明感アップ　エイジングケア　美ボディ

アボカド×ミニトマト

みずみずしくヘルシーに
美しさを上げる!

[材料と作り方]

1 アボカド1個をカット(P.11参
 照)しボウルに入れ、レモン汁
 小さじ1を振っておく。ミニト
 マト8個はへたをとり、横半分
 に切る。

2 ボウルにミニトマトも入れ、オ
 リーブオイル大さじ1、塩ひと
 つまみ、黒こしょう少々を加え、
 ざっくりあえる。皿に盛り、パ
 セリ(乾燥)を適宜振りかける。

(潤い美肌) (透明感アップ) (エイジングケア) (美ボディ)

アボカド×りんご

〝医者いらず〟のりんごで、
内側から輝きを♪

[材料と作り方]

1 アボカド1個をカット(P.11参
 照)しボウルに入れ、レモン
 汁大さじ1を振っておく(りん
 ごに酸味が少ないので、ここ
 ではレモン汁多め)。りんご
 1/4個は皮をむき、芯を取り
 除いてから、幅4~5mmに切る。

2 ボウルにりんごも入れ、オリ
 ーブオイル大さじ1、塩ひと
 つまみを加え、ざっくりあえ
 る。皿に盛り、ピンクペッパ
 ーを指でつぶして砕きながら
 適宜トッピング。

(潤い美肌) (エイジングケア) (美ボディ) (デトックス)

アボカドと鶏ささみの ごろごろホットサラダ

低カロリー高たんぱくの鶏ささみとのコンビなら、
ボディや髪にもうれしい効果が。食べ応えもたっぷり。

[材料] 作りやすい分量

アボカド … 1個

鶏ささみ … 2本

オリーブオイル … 大さじ1

酒 … 大さじ1

めんつゆ … 大さじ1/2

塩 … ひとつまみ

黒こしょう … 少々

レモン汁 … 適宜

[作り方]

1　アボカドを半分に切り、種を取り除き、切り込みをいれておく。

2　鶏ささみをやや小さめのひと口大にカットする。フライパンにオリーブオイルを中火で熱し、鶏ささみを焼く。ひっくり返しながら表面の色が変わってきたら、弱火にして酒とめんつゆを加えてふたをして2分程蒸し焼きに。

3　さらに2にアボカドの実をスプーンですくって加え、塩をひとつまみ振る。アボカドをひっくり返しながら、弱火で少し焼き目がつくまで焼く。

4　皿に盛り、黒こしょうを挽き、レモン汁を振る。

Point

より手軽に作りたい場合は、鶏ささみをサラダチキン（プレーン）で代用しても。酒＆めんつゆ、アボカドとともに焼くひと手間を加えることで、いつもとは違うおいしさに。

(潤い美肌) (透明感アップ) (エイジングケア) (美ボディ)

アボカドとスモークサーモンのサラダ

アスタキサンチン豊富なサーモンとのコンビで、まるで〝食べる美容液〟！

[材料] 作りやすい分量

アボカド … 1/2 個

スモークサーモン … 40g

A
- オリーブオイル … 大さじ1/2
- レモン汁 … 大さじ1/2
- 柚子こしょう … 小さじ1/8
- きび砂糖 … ひとつまみ

黒こしょう … 少々

[作り方]

1 アボカドに縦半分に切り込みを入れ、種を取り除く（P.11 参照）。皮を手ではいで取り除き、実は縦に幅4mm程にスライス。

2 ボウルに1とスモークサーモン、Aを入れ、ざっくり混ぜて味を調える。

3 皿に2のアボカドとスモークサーモンを交互に並べ、上に黒こしょうを挽く。

潤い美肌　エイジングケア　美ボディ

アボカドとカニカマのスイートチリ風味

手軽なたんぱく源として注目のカニカマは、異国情緒香る味付けで。

[材料] 作りやすい分量

アボカド … 1個

カニカマ … 5本

A
オリーブオイル … 大さじ1
レモン汁 … 大さじ1
スイートチリソース … 大さじ1

チリペッパー (一味唐辛子で代用も可)
　　… 適宜

[作り方]

1 アボカドを基本の切り方 (P.11参照) で
カット。カニカマは1/4の長さに切る。

2 ボウルに1とAを入れて混ぜ味を調える。

3 皿に盛り付け、チリペッパーをお好みで
トッピング。

Point

今やコンビニでも手に入るカニカマ。食べ比べしたところ、個人的には「セブンプレミアム」の「カニ風味かまぼこ」をリピート買い中です!

アボカド×季節の果物の ニコサラダ

材料・作り方の詳細は、美的.com「門司紀子のToday's SALAD #000（レシピ番号）」で検索を。

Avocado
アボカド

×

Kumquat
金柑

美肌効果はもちろん、粘膜をサポートする働きもある金柑は、花粉症の季節の味方。酸味が強いので、レモン汁の代わりに白ワインビネガーでアレンジ。
▶Today's SALAD #107

美ボディ

エイジングケア

Avocado × **Bing cherry**
アボカド　　アメリカンチェリー

味付けは基本と同じ。アボカドのまったり感とアメリカンチェリーの甘酸っぱさが意外なハーモニー。ポリフェノールが豊富、パワフルな抗酸化効果を期待して…。
▶Today's SALAD #171

エイジングケア

Avocado × Persimmon
アボカド　　　　柿

秋冬が旬の抗酸化フルーツといえば柿！ アボカド×柿もリピート必至の意外なおいしさ。ディルを加えて爽やかなひと皿に。

▶Today's SALAD #100

透明感アップ

Avocado × Strawberry
アボカド　　　　いちご

おもてなしの一品におすすめなのがこちらのコンビ。マヨネーズ×マスカルポーネチーズをブレンドしたドレッシングを添えて、盛り付けにもひねりを。

▶Today's SALAD #70

透明感アップ

Avocado × Kiwifruit
アボカド　　　　ゴールドキウイ

基本の味付けに、くるみのサクサク食感をプラス。爽やかな風味は朝ごはんにもぴったり。ビタミン豊富なキウイで、すっぴん力を底上げ！

▶Today's SALAD #162

デトックス

Avocado × Pear
アボカド　　　　梨

整腸効果が期待できる梨との組み合わせ。ヨーグルトとマヨネーズをプラスしたマイルドな味付けで、アボカドのニコサラダが新鮮なおいしさに。

▶Today's SALAD #146

No. 001 | ヘア＆メイクアップアーティスト 長井かおりさんの

アボカドと
ケールのサラダ

潤い美肌) (透明感アップ) (エイジングケア) (美ボディ) (デトックス)

[PROFILE]

Kaori Nagai

雑誌やウェブメディアなどで多くの
ビューティ企画を担当。数々のメイ
ク悩みを、わかりやすく取り入れやす
いテクニックで解決。年齢を問わず
多くの女性の支持を集めている。

「朝や昼間は撮影現場で済ませることが多
く、もちろんヘルシーなお弁当をいただくこ
ともあるのですが…せめて夜は"体を浄化す
るもの"を自らチョイスしたいと思って、週3
〜4回は野菜たっぷりのサラダがお約束。
大好きなお酒とともに、明日への活力を
チャージします。アボカドを使ったサラダは
しっかりと食べ応えがあるうえ、ケールと合
わせることで栄養価もデトックス効果もさ
らにアップする気が。アボカドは軽くグリル
すると"半ホット"なサラダになり、寒い季節
でもホクホクおいしくいただけます」

ケールは「ソフトケール」が
お気に入り

「柔らかく苦みが少なく食べやすい
〝ソフトケール〟が好み。GABAの量
が一般的なケールよりも多く、血圧
を下げたり、リラックス感をもたら
す効果が期待できるのも興味深い」

オリーブオイルは
上質なものをチョイス

「何回もリピートしているのがイタリ
アの"ARDOINO"のエクストラヴァー
ジンオリーブオイル。コクがあるの
に後味がフルーティで軽やか。サラ
ダがグレードアップします」

[材料] 作りやすい分量

アボカド … 1個

ケール … 3枚

オリーブオイル … 大さじ1

A
- 白ワインビネガー
  … 大さじ1/2
- レモン汁 … 大さじ1/2
- ハチミツ … 大さじ1/2
- 塩・黒こしょう … 少々

[作り方]

1 アボカドをカット（P.11参照）し、フライパンやグリルパンなどで表面に軽く焼き目がつくくらいまで焼く。

2 ケールは粗めの千切りに。

3 ボウルに**1**と**2**を入れ、オリーブオイルを絡ませてから、**A**を加えてざっくり混ぜ、味を調える。

Tomato

トマト

手軽に手に入り、食べやすい美容食材No.1。
美肌、ストレスケア、生活習慣病予防まで担う万能選手！

キレイをサポートしてくれる栄養素は…

リコピン

トマトの赤い色素の素。強力な抗酸化作用をもち、紫外線やストレスにより発生する活性酸素を抑制。

ビタミンC

肌や血管、筋肉の維持に必須。抗酸化作用も高く、美肌・美白効果に優れた代表的なビタミン。

βカロテン

体内でビタミンAに変換。皮膚や粘膜を丈夫に整える効果があり、油と一緒に摂取すると吸収率がUP。

カリウム

体内から余分な塩分を排出し、血圧上昇やむくみを防止。塩分のとり過ぎが気になるときなど特に◎。

and more…

腸内環境を整えるのにマストの食物繊維や、疲労回復効果が期待されるクエン酸も含まれている。

[いいトマトを選ぶコツは…]

─ Check 1 ─
へたがしおれておらず、
元気でピンピン
しているもの

─ Check 2 ─
皮がシワっとしておらず、
ピンとしたハリがある

─ Check 3 ─
へたの部分までしっかり
赤いもののほうが、
味が濃く甘みが強い

覚えておきたい！

How to
トマトの基本のカット法

へたの簡単＆時短なとり方

包丁の刃先をへたの周りに斜めに
差し込み、えぐるようにとるのが
一般的ですが…トマトを縦半分に
切り、へた部分に三角に包丁を入
れると簡単で失敗ナシ！

↓

※糖度がやや高いものの、栄養値もより高いの
はミニトマト。レシピではトマトとミニトマトの
いずれかを使用していますが、どのレシピもど
ちらのトマトでも代用できます。

くし形切り

縦半分に切りへたをとっ
た後、さらに縦半分に、さ
らに半分に切る（8等分）。
トマトの大きさによって、
4〜6等分にしても。

半月切り

縦半分に切りへたをとっ
た後、切り口を下にして
端から4〜5mmの幅にカ
ット。

乱切り

縦半分に切りへたをとっ
た後、さらに縦半分に切
り、ランダムに斜めにカッ
トしていく。

ミニトマトの切り方

へたをとり、横半分に切
る（左）。縦半分（右）より
も横半分のほうが、切り
口がキレイでサラダが映
える仕上がりに。

◎　　　△

（潤い美肌）（透明感アップ）（エイジングケア）（美ボディ）

トマトとカッテージチーズのサラダ

高たんぱく低脂肪のカッテージチーズは、ダイエットや疲労回復の味方にも！

[材料] 作りやすい分量

ミニトマト … 8個

カッテージチーズ
　… 30g（大さじ山盛り1程度）

A ┌ オリーブオイル … 大さじ1
　│ 白ワインビネガー … 大さじ1/2
　└ 塩・こしょう … 少々

パセリ（乾燥）… 適宜

[作り方]

1 ミニトマトはへたをとり、横半分に切る。

2 ボウルに1とカッテージチーズ、Aを入れてスプーンなどでざっくり混ぜる。

3 皿に盛り、パセリをトッピング。

Point

カッテージチーズは「うらごしタイプ」ではなく「つぶタイプ」（粒が残っているそぼろ状のもの）がサラダに使うのにはおすすめ。

(潤い美肌) (透明感アップ) (エイジングケア) (デトックス)

トマトときゅうりのヨーグルト風味サラダ

トマト×きゅうりを爽やかな味付けで。むくみ解消＆免疫もサポート。

[材料]作りやすい分量

ミニトマト … 6〜8個

きゅうり … 1本

A
- オリーブオイル … 大さじ1/2
- ヨーグルト … 大さじ2
- ハチミツ … 小さじ1/2
- 塩・こしょう … 少々
- クミンシード … 小さじ1/4

[作り方]

1 ミニトマトはへたをとり、横半分に切る。

2 きゅうりもへたをとり、ひと口大の乱切りに。

3 ボウルにミニトマト、きゅうり、Aを入れて
  ざっくり混ぜ、味を調える。

Point

赤いミニトマトのみでももちろんOKですが…カラフルな
ミニトマトを使うと見た目が華やかになるだけでなく、多
様な味＆食感も楽しめるひと皿に。

トマトと大葉の中華サラダ

βカロテン豊富な大葉が加われば、パワフルなエイジングケア効果が！

[材料] 作りやすい分量

トマト … 1個

大葉 … 5枚

ごま油 … 大さじ1/2

A
- しょうゆ … 大さじ1/2
- 酢 … 大さじ1/2
- きび砂糖 … ひとつまみ
- 白すりごま … 大さじ1

[作り方]

1 トマトは幅約7mmの半月切りに。

2 大葉は茎部分を切り落としてから縦半分に切り、幅3〜4mmの斜め切りに。

3 ボウルに**1**と**2**を入れ、ごま油を絡ませてから、**A**を加えてざっくりあえ、味を調える。

Point
砂糖は白砂糖ではなく、優しい甘さのきび砂糖やてんさい糖を使うのがヘルシー！

(潤い美肌) (透明感アップ) (エイジングケア) (美ボディ) (デトックス)

トマトとブロッコリースプラウトの
しょうがドレッシング

トマト×栄養価の高いブロッコリーの芽で、肌も体もしなやかに美しく！

[材料] 作りやすい分量

トマト … 1個

ブロッコリースプラウト … 30g程度

オリーブオイル … 大さじ1

A ┌ おろししょうが … 小さじ1/4
  │ しょうゆ … 小さじ1/4
  │ ハチミツ … 小さじ1/4
  └ 塩 … 少々

[作り方]

1 トマトは縦半分に切り、へたを取り除き、大きめの乱切りに。

2 ボウルに1とブロッコリースプラウトを入れ、オリーブオイルを絡ませてから、Aを加えてざっくりあえて味を調える。

Point

ブロッコリーよりも栄養価が高いブロッコリースプラウト。栄養成分の濃度がより高い「村上農園」のものがおすすめ。

潤い美肌　透明感アップ　エイジングケア　美ボディ　美髪

トマトのクミン鶏ひき肉あえサラダ

筋トレのお供にも◎。トマト×温かい鶏ひき肉をざっくりあえて…
半分ホットで召し上がれ。

[材料]

ミニトマト … 15個〜

鶏むねひき肉 … 100g

オリーブオイル … 大さじ1

クミンシード … 小さじ1/2

A ［ バルサミコ酢 … 大さじ1
　　塩・黒こしょう … 少々

[作り方]

1 フライパンにオリーブオイルとクミンシードを熱し、少し香りが立ってきたら鶏むねひき肉を加える。菜箸でくるくるかき回しながら、そぼろ状になるまで炒める。

2 ミニトマトはへたをとり、半分〜1/4に切る。

3 ボウルに1と2、Aを入れて混ぜ、味を調える。

（潤い美肌）（透明感アップ）（デトックス）

トマトと水なすのフレッシュサラダ

アクがなく生で食べられる水なすが出回る夏に！　むくみもスッキリ。

[材料] 作りやすい分量

トマト … 1個

水なす … 1個

塩 … ひとつまみ

オリーブオイル … 大さじ1

レモン汁 … 大さじ1/2

黒こしょう … 少々

粉チーズ … 適量

[作り方]

1　水なすはへたをとり、食べやすい大きさの乱切りにし、ボウルに入れる。塩ひとつまみを振って3分ほど置いて少ししんなりさせる。トマトも食べやすい大きさにカット。

2　1のボウルにトマトを加え、オリーブオイルとレモン汁、黒こしょうを加えて味を調える。

3　器に盛り、黒こしょうを挽いて粉チーズをトッピング。

Point

水なすがない季節は、普通のなすでも。フライパンにオリーブオイルをひき、皮側から火を通し（内側から焼くと油を吸いすぎるため）しんなりするまで焼いてから、トマトと合わせて味付けを。

潤い美肌　透明感アップ　エイジングケア　美ボディ　美髪

トマトとミックスビーンズの
マヨクリチカレー風味

角切りトマトと多彩な豆のごろごろサラダ。まったりしがちな豆をアクセントのある味付けで。

[材料] 作りやすい分量

トマト … 1個

ミックスビーンズ（缶、または袋）… 50g

A
[
マヨネーズ … 大さじ1/2
クリームチーズ … 15g
カレー粉 … 小さじ1/4
塩・黒こしょう … 少々
]

[作り方]

1 トマトはへたをとり、1cmくらいの角切りに。

2 ボウルに1とミックスビーンズ、Aを入れ、ざっくりとあえて味を調える。

(潤い美肌) (透明感アップ) (エイジングケア)

トマトと厚揚げの和風カプレーゼ

チーズの代わりに、厚揚げでカプレーゼに。大豆イソフラボン効果で素肌力もアップ！

[材料] 作りやすい分量

トマト … 1個

厚揚げ … 1/2枚

ごま油 … 小さじ1

A
┌ ごま油 … 大さじ1
│ 酢 … 大さじ1
│ しょうゆ … 小さじ1/2
│ 味噌 … 小さじ1/2
│ 黒こしょう … 少々
└ きび砂糖 … ひとつまみ

[作り方]

1 フライパンにごま油を熱し、厚さ4mm程のひと口大に切った厚揚げを両面に軽く焼き目がつくくらいまで焼く。

2 トマトはへたをとり、幅4mmほどに切る。

3 ボウルにAを入れて混ぜてから、厚揚げとトマトを加えてざっくりあえる。皿に厚揚げとトマトを交互に並べる。

No. 002 | 美容家 岡本静香さんの

ミニトマトと
スモークサーモンのサラダ

（潤い美肌）（透明感アップ）（エイジングケア）（美ボディ）

[PROFILE]

Shizuka Okamoto

美容誌、ファッション誌、ウェブメディアをはじめ、多くの媒体で30代の美容家代表としてオリジナリティあふれる美容法を提案。著書は『岡本静香のすっぴん美容』など4冊。

「ランチは外食やデリバリーを活用したり、夕食は子供や夫の嗜好に合わせてごはんを作ることが多いので、自分の肌や体のためにとっておきのサラダをいただくのは朝。朝に美容効果を意識したサラダをとり、ビューティバランスをとっておけば、心地よく1日がスタートできる気がします。美肌＆アンチエイジング効果を狙って、トマト×スモークサーモンのサラダがMy定番。包丁やまな板、ボウルは使わず、洗い物を極力少なくして、〝朝サラダ〟をおいしくストレスフリーに楽しんでいます♪」

オリーブオイルは定期購入している
「LORENZO No.3」

「手摘みしたオリーブを収穫から12時間以内に搾油しているイタリア・バルベーラ社の最高品質オイル〝ロレンツォ〟。マイルドな風味で、ほのかにこしょうのような後味が残るNo.3は、サラダが抜群においしくなります」

ミニトマトはハサミでカット

「洗いものを減らすため、ミニトマトはキッチンバサミでカット。ハサミでもカットしやすいので、〝ビオセボン〟で売られているオーガニックの細長い品種のトマトをよく買っています。味も濃くておいしい！」

[材料] 作りやすい分量

ミニトマト … 10個〜

スモークサーモン … 4枚

オリーブオイル … 大さじ1

レモン汁 … 大さじ1/2

ピンクペッパー … 適宜

[作り方]

1 ミニトマトをキッチンバサミで半分に切る。細長いミニトマトなら少し斜めにハサミを入れると切りやすい。

2 スモークサーモンも長さ3〜4cmの食べやすい大きさにハサミで切る。

3 皿に**1**と**2**をランダムに並べ、上にオリーブオイル、レモン汁を回しかけ、ピンクペッパーを指でつぶし砕きながらトッピング。スモークサーモンに塩気があるので、塩は使わずにとことんシンプルな味付けに。

Carrot

にんじん

とくに紫外線が強くなる季節、フランスではキャロットラペが
キレイに欠かせない常備菜的存在。βカロテンのパワーに期待！

キレイをサポートしてくれる
栄養素は…

βカロテン

体内でビタミンAに変換され、肌
や髪の健康を維持し、鼻や喉の粘
膜を強化。抗酸化作用も高い。

カリウム

余分な塩分であるナトリウムの排
出を促し、血圧を一定に保つ。む
くみが気になる人にも効果的。

ビタミンC

細胞同士を結ぶコラーゲンの生成
に不可欠で、健康な皮膚や粘膜を
維持するのに役立つ美容ビタミン。

食物繊維

腸内環境を整え、便秘の予防・解消
にマスト。血糖値上昇の抑制やコ
レステロール濃度の低下も期待。

and more…

日頃から意識的に摂取したい葉
酸、骨を健康に保つビタミンKな
ども含まれている。

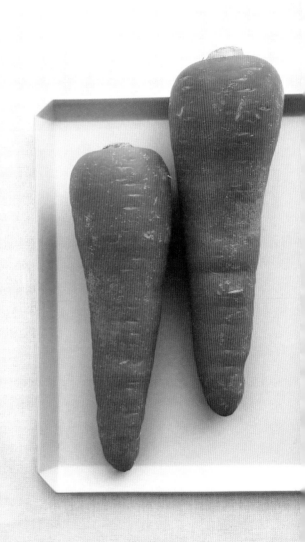

[おいしいにんじんを選ぶコツは…]

── Check 1 ──

ツヤツヤとしたオレンジ色で、表面が
カサカサしすぎずなめらかなもの。赤
みが強く鮮やかなにんじんは日差しを
たっぷりと受けた証。βカロテンがよ
り豊富に含まれている。

── Check 2 ──

葉をカットした切り口が茶色く変色し
ているものは、収穫後時間がたってい
る可能性があるので避ける。また、
その切り口の直径が小さいもののほう
が芯まで柔かく味が濃いめ。

覚えておきたい！

How to
にんじん千切りの基本

1

皮をピーラーなどでむいた後、上部を切り
落とし、斜めの薄切りに。

2

1を端から2〜3mm幅になるように切って
いく。

ツールを使えば見た目も均一に美しく！

つま切り で
繊細な千切りに

キャロットラペにおすすめ。味
がなじみやすいうえ食べやすく
なり、見た目も格段に美しく。

しりしり器 で
味のある千切りに

包丁での千切りよりも薄く削い
だような形になるので、味がよ
りなじみやすい。

ピーラー で
薄いリボン状に

にんじんの強い風味とシャキシ
ャキ食感が、絶妙に残る仕上
がりに。

※各ツールの詳細・おすすめについてはP.47へ！

(透明感アップ)(エイジングケア)(美ボディ)(デトックス)

にんじんと
グレープフルーツのラペ

肌&体のサビをアクティブに防ぐ、抜群においしく爽やかなハーモニー。

[材料] 作りやすい分量

にんじん … 1/2本

グレープフルーツ … 1/2個

オリーブオイル … 大さじ1

A [白ワインビネガー … 大さじ1/2
レモン汁 … 大さじ1
ハチミツ … 大さじ1/2
塩・黒こしょう … 少々]

[作り方]

1 にんじんは細い千切りにして、ボウルに入れる。写真はつま切りを使用。

2 グレープフルーツは皮をむき、食べやすい大きさに手でちぎって1のボウルに。

3 2にオリーブオイルを絡ませてから、Aを加えてざっくり混ぜ、味を調える。

Point

多めに作って作り置きサラダにも。清潔な保存容器や、ジップ付き保存袋などに入れて冷蔵庫で3〜4日は保存可能。

Variation

味付けはP.39の基本と同じ！
気分で楽しむニコラペ3点！

(潤い美肌) (透明感アップ) (エイジングケア) (美ボディ) (デトックス)

にんじんとパセリのデトックスラペ

野菜の中でトップクラスの抗酸化力をもつパセリ。独特の苦みが加わり大人風味のラペに。

[材料] 作りやすい分量

にんじん … 1/2本

パセリ … 1枝

オリーブオイル … 大さじ1

A
┌ 白ワインビネガー … 大さじ1/2
│ レモン汁 … 大さじ1
│ ハチミツ … 大さじ1/2
└ 塩・黒こしょう … 少々

[作り方]

1 にんじんは細切りにして、ボウルに入れる。

2 パセリは太い茎は適宜カットし、細い茎〜葉の部分を粗めのみじん切りにして1のボウルに。

3 2にオリーブオイルを絡ませてから、Aを加えてざっくり混ぜ、味を調える。

にんじん×キウイ

豊富なビタミンC＆Eの効果で、
ゆらぎにくい透明美肌に。

[材料と作り方]

1 にんじん1/2本は細切り、キウイ1個は両端を切り落としてから皮をむき、縦半分に切ってから幅3mm程に切りボウルに入れる。

2 1にオリーブオイル大さじ1を絡ませてから、白ワインビネガー大さじ1/2、レモン汁大さじ1、ハチミツ大さじ1/2、塩・黒こしょう少々を加えてざっくり混ぜる。

(透明感アップ)(エイジングケア)(美ボディ)(デトックス)

にんじん×りんご

りんごは皮をむかずに使って、
さらなる抗酸化効果を狙って…。

[材料と作り方]

1 にんじん1/2本は細切り、りんごは皮を塩でもみ洗いしてから、1/4にカット。1/4分の芯を取り除き食べやすい大きさに切ってボウルに入れる。

2 1にオリーブオイル大さじ1を絡ませてから、白ワインビネガー大さじ1/2、レモン汁大さじ1、ハチミツ大さじ1/2、塩・黒こしょう少々を加えてざっくり混ぜる。皿に盛り、くるみ（適宜）を手で砕きながらトッピング。

(透明感アップ)(エイジングケア)(美ボディ)(デトックス)

(潤い美肌) (エイジングケア) (美ボディ) (デトックス)

にんじんとパクチーのサラダ

デトックスを狙うならコレ。オイルなしですっきりとしたおいしさ。

[材料] 作りやすい分量

にんじん … 1/2本

パクチー … 1束

A ┌ レモン汁 … 大さじ1/2
  │ ナンプラー … 小さじ1
  └ きび砂糖 … 小さじ1/4

くるみ（トッピング用）… 適宜

[作り方]

1 にんじんは千切りに（または「しりしり器」で削ぐ）してボウルに。

2 パクチーは根を切り落とし、長さ約3cmにカットして1に加える。

3 2にAを混ぜ、ざっくりあえて味を調える。皿に盛り、くるみを手で砕きながらトッピング。

透明感アップ　エイジングケア　美ボディ　デトックス

にんじんキヌア

キヌアには健やかな体を保つ必須アミノ酸が豊富。
食物繊維たっぷり、便秘の悩みにも効果大。

[材料] 作りやすい分量

にんじん … 1/2本

キヌア … 大さじ3

塩 … ひとつまみ

A
太白ごま油 … 大さじ1
ポン酢 … 大さじ1
マヨネーズ … 小さじ1/2

[作り方]

1 キヌアをざるに入れ軽く洗った後、鍋に水1カップ（分量外）、塩とともに入れ、強火にかける。沸騰したら弱火にして10分程ゆでる。キヌアがふっくらしたら水を捨て、ふたをして10分蒸らし、粗熱をとる。

2 にんじんはリボン状に薄くスライスする（写真はピーラーを使用）。

3 ボウルに1と2、Aを入れて混ぜて味を調える。

潤い美肌　透明感アップ　エイジングケア　美ボディ　デトックス

にんじんと紫キャベツの
ザワークラウト風

デトックス力がとにかくスゴイ！　眼精疲労が気になる人にも！
常備菜にもおすすめの鮮やかニコサラダ。

[材料] 作りやすい分量

にんじん … 1/2本
紫キャベツ … 1/8個程度 (約100g)
白ワインビネガー (またはりんご酢) … 大さじ2
きび砂糖 … 大さじ2/3
塩 … ひとつまみ
キャラウェイシード … 小さじ1/4程度

[作り方]

1　にんじんはピーラーでリボン状に薄くスライス。紫キャベツは粗めの千切りにし、ともにボウルに入れる。

2　塩を加えて軽く手でもみこみ、5分程置いてしんなりさせる。

3　小鍋に白ワインビネガーときび砂糖、キャラウェイシードを入れてひと煮たちさせる。

4　2のボウルに、温かいうちに3を加え、ざっくり混ぜる。10分程置いて味が染みたら皿に盛ってできあがり。

Point
多めに作り保存容器などに入れれば冷蔵で4日程保存可能。
ジップ付き保存袋に小分けにして冷凍して、お弁当の一品＆
保冷剤代わりに活用する手も。

(透明感アップ) (エイジングケア) (美ボディ)

にんじんとじゃがいものシャキシャキサラダ

じゃがいもをサッとゆでて食感よく。和食にも抜群に合う、やみつきのひと皿。

[材料] 作りやすい分量

にんじん … 1/2本

じゃがいも … 1個

ごま油 … 大さじ1

A
酢 … 大さじ1
しょうゆ … 大さじ1/2
きび砂糖 … 小さじ1/4

白すりごま … 大さじ1

[作り方]

1 じゃがいもは皮をむき、千切りに。鍋で
お湯を沸騰させ、1分ほど軽くゆでて、
ざるにあげて水気をよくきっておく。

2 にんじんも皮をむき、千切り（または「し
りしり器」で削ぐ）に。

3 ボウルに1と2を入れごま油を絡ませて
から、Aを加えて混ぜ、味を調える。皿
に盛り、白すりごまをトッピング。

—— *NICO SALAD COLUMN* ——
❶

千切り、薄切りもラクラクこなせ、仕上がりもキレイに！

〝ニコサラダ〟の見た目も食感も格上げする 「野菜の下ごしらえツール」

キャロットラペや大根の千切りサラダなど、食材を均一かつ繊細にカットしたいとき役立つのが、つま切りやスライサーなどのツール。門司紀子がいろいろ試してみて、「コレは一生モノ！」と実感した使いやすいツールをご紹介。使い分けて、食感や仕上がりの違いを楽しんで。

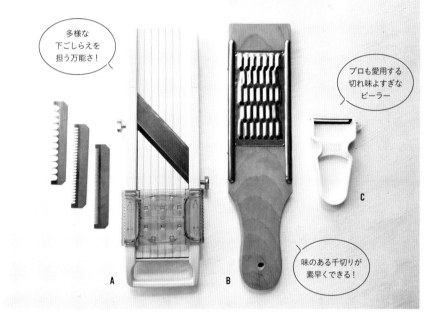

多様な
下ごしらえを
担う万能さ！

プロも愛用する
切れ味よすぎな
ピーラー

味のある千切りが
素早くできる！

A   B   C

A. 東急ハンズでふと見つけて、使う度に「切れ味よすぎ！」と感動を覚える「万能野菜調理器 ベンリナー」。3種類の替え刃付きで、繊細な千切りから細切り、拍子木切り、さらに刃を外せば好みの厚みでスライスまでこなせる1台。指先を守る安全器具つき。替え刃の取り外しも思ったほど面倒ではないし、使い終わった後の水洗いもラクラクこなせるのも◎。

B. 沖縄の郷土料理"にんじんしりしり"に欠かせない千切りツール、通称「しりしり器」。かれこれ10年近く愛用していますが、にんじんや大根を斜めにスライドさせるように素早く動かすと、あっという間にカットできて気持ちイイ！　ちょっと平べったい不揃いの千切りに。切り口がギザギザになり、より味がなじみやすくなります。

C. 料理上手の方のSNS投稿を見て即ポチッた、世界中で愛されるベストセラー「リッター」社のピーラー。正直「ピーラーってそんなに違いはないのでは!?」と思っていましたが、使い始めてみたらスイスイと切れ味抜群でストレスフリー！　カーボンスチール刃は欠けやすく錆びやすいのが難点ですが、ステンレス刃より断然軽やかで鋭い切れ味が魅力。

Kale

ケール

グリーンサラダのベースはもはやケールが常識に！
近年、スーパーフードとしても注目される「野菜の王様」。

キレイをサポートしてくれる
栄養素は…

葉酸

赤血球を作るのに必須な成分で貧
血を予防、改善。胎児の発育にも
必要で妊活・妊娠中の人は特に◎。

カルシウム

歯や骨の健康維持に必須。野菜の
中ではトップクラスの含有量で、牛
乳より吸収率も高いといわれる。

食物繊維

水に溶けにくい不溶性食物繊維が
豊富。水分を吸収して便のかさを
増やし、腸を刺激して便通を改善。

βカロテン

体内でビタミンAに変換される。
皮膚や髪、粘膜を整える効果があ
り、抗酸化作用も高い。

and more…

美容に必須のビタミンC、目の健康
維持に役立つルテイン、むくみ解
消のカリウムなど多種多様。

[ケールの風味は収穫時期で異なる!?]

 春 夏

太陽の恵みをたっぷり受けるため、ビタミンやβカロテンなどの含有量が多く、栄養値が高い。

 秋 冬

葉がやや分厚くなり、甘みが増すのが特徴。ケールの苦みが苦手な人は秋・冬のケールからトライしてみては!?

[サラダに適したケールの品種は…]

青汁やスムージーに使われる、葉が大きくて、茎が太く、葉がゴワゴワしているケールではなく、サラダ用に品種改良されたものがおすすめ!サラダで余ったケールは、炒め物やスープに活用しても。

フリルケール・カーリーケール

スーパーなどでサラダ用に売られているメジャーな品種。葉がパセリのように縮れていて、クセがなく柔らかく食べやすい。

ソフトケール

「増田採種場」が販売するサラダ用の栄養価の高いケール。葉はほうれん草や小松菜と同じくらいの大きさで、柔らかく食べやすい。

ケールをはじめとする葉物野菜をシャッキッとさせるひと手間!

まずは50℃洗い!

→

さらに氷水で!

葉物野菜がしおれて元気がなくなってしまったときは…まずは50℃くらいのお湯に30秒～1分程浸す。ヒートショック現象により葉の表面の気功が開き、細胞が水分を吸収してみずみずしい状態によみがえる。

すぐにサラダを作って食べる場合は、1のお湯をきり、さらに氷水に1～2分つけて。シャキッと感がアップして食感がよくなるので、サラダが格段においしく!

潤い美肌　エイジングケア　美ボディ　美髪　デトックス

ケールとスモークサーモンのサラダ

"アンチエイジング美容液"的パワフルコンビで、キレイをグイグイ底上げ!

[材料] 作りやすい分量

ケール … 2枚

スモークサーモン … 4枚

オリーブオイル … 大さじ1

A
- 赤ワインビネガー(なければ白ワインビネガーでも) … 大さじ1/2
- 粒マスタード … 小さじ1
- ハチミツ … 小さじ1/2
- 塩・黒こしょう … 少々

[作り方]

1 ケールは食べやすい大きさに手でちぎる。スモークサーモンも1枚を2〜3切れにカットし、食べやすい大きさに。

2 ボウルに1を入れ、オリーブオイルを絡ませてから、Aを加えてざっくり混ぜて味を調える。

(潤い美肌) (エイジングケア) (美ボディ)

ケールとじゃこのシーザーサラダ風

和食にも合うあっさり即席シーザードレッシングで、ケールサラダにひねりを。

[材料] 作りやすい分量

ケール … 2枚

ちりめんじゃこ … 大さじ2程度

A
- マヨネーズ … 大さじ1
- 白ワインビネガー … 大さじ1
- レモン汁 … 大さじ1
- きび砂糖 … 小さじ1/4
- 粉チーズ … 大さじ1

粉チーズ (トッピング用) … 小さじ1

黒こしょう … 少々

[作り方]

1 ケールの葉は2〜3mm幅の細切りに。茎も細かく刻んで食べやすい食感に。

2 フライパンを中火で熱し、ちりめんじゃこを炒めてカリカリに。

3 ボウルにAを入れて混ぜドレッシングを作った後、1と2を加えてざっくりあえる。皿に盛り、粉チーズと黒こしょうをトッピング。

ケールとごろっとベーコンのサラダ
サウザンアイランド風ドレッシング

ベーコンの旨味を引き立てるコクありドレッシングで、食べ飽きないひと皿。

[材料] 作りやすい分量

ケール … 2枚

ベーコン（できれば厚切り）… 50g

A
マヨネーズ … 小さじ1
ケチャップ … 小さじ1/2
酢 … 小さじ1/2
レモン汁 … 小さじ1/4
きび砂糖 … ひとつまみ
塩・黒こしょう … 少々

[作り方]

1　ケールは食べやすい大きさに手でちぎる。

2　ベーコンは幅約5mmに切り、フライパンで表面がカリッとするまで焼く。ベーコンから油が出るので、油は引かなくてOK。

3　ボウルにAを入れて混ぜドレッシングを作り、1と2を入れてざっくりあえる。

潤い美肌　エイジングケア　美ボディ

ケールとサラダチキン 辣油添え

手軽にたんぱく質がとれるサラダチキンを活用して、アクティブにボディメイク！

[材料] 作りやすい分量

ケール … 1枚

サラダチキン … 40g程度

ごま油 … 大さじ1/2

A
- しょうゆ … 小さじ1/2
- 酢 … 小さじ1
- 黒すりごま … 小さじ1

辣油 … 適量

[作り方]

1　ケールは食べやすい大きさに手でちぎる。サラダチキンは食べやすい大きさにほぐす。

2　ボウルに1を入れ、ごま油を絡ませてから、Aを加えてざっくり混ぜて味を調える。

3　皿に盛り、辣油を適量トッピング。

Variation

フルーツの甘みでケールが止まらないおいしさ！
ケール×フルーツのニコサラダ

ケール×オレンジ

くすみが気になるときに！

[材料と作り方]

1 ケール1枚は食べやすい大きさにちぎる。オレンジ1個は食べやすい大きさに切る。

2 ボウルに1を入れ、オリーブオイル大さじ1を絡ませてから、白ワインビネガー小さじ1、粒マスタード小さじ1/4、塩・黒こしょう少々を加え、ざっくり混ぜて味を調える。

潤い美肌　透明感アップ　エイジングケア

ケール×りんご

内側からフレッシュに若返り！

[材料と作り方]

1 ケール1枚は食べやすい大きさにちぎる。りんごは皮を塩もみして洗ってから1/4個分を皮つきのまま食べやすい大きさに切る。

2 ボウルに1を入れ、オリーブオイル大さじ1を絡ませてから、レモン汁小さじ1、塩ひとつまみを加え、ざっくり混ぜて味を調える。

3 皿に盛り、ピンクペッパーを指で砕きながらトッピング。

潤い美肌　エイジングケア　デトックス

ケール×いちじく

エイジング&デトックスが
ラクラクかなう!

[材料と作り方]

1 ケール1枚は食べやす
い大きさにちぎる。い
ちじく2個はそれぞれ
縦1/8に切る(皮は気
になる場合はむいて)。

2 ボウルに1を入れ、オ
リーブオイル大さじ1
を絡ませてから、バル
サミコ酢小さじ1、塩・
黒こしょう少々を加え、
ざっくり混ぜて味を調
える。くるみを砕いて
トッピング。

潤い美肌 　エイジングケア 　美ボディ 　デトックス

ケール×
ドライフルーツ

好きなドライフルーツで
気軽にアレンジ。

[材料と作り方]

1 ケール1枚は食べやすい
大きさにちぎる。

2 ボウルに1とドライフルー
ツ(できれば砂糖不使用
のもの)を好みの量入れ、
オリーブオイル大さじ1、
赤ワインビネガー(白ワ
インビネガーで代用も
可)小さじ1、塩・黒こし
ょう少々を加え、ざっく
り混ぜて味を調える。

潤い美肌 　エイジングケア 　美ボディ

Root Crops

根菜

豊富な食物繊維で腸内環境を整え、お通じにも効果てきめん。
ここではすでに紹介したにんじん以外の根菜の栄養＆レシピを。

キレイをサポートしてくれる栄養素は…

大根

（ 消化酵素 ）

アミラーゼ（ジアスターゼ）、プロ
テアーゼ、リパーゼの3種。消化を
促進し胸やけや胃もたれを防止。

ごぼう

（ 食物繊維 ）

血糖値の急激な上昇を抑え整腸
効果のある水溶性、便のかさを
増やし腸を刺激する不溶性、両
方を含む。

れんこん

（ ビタミンC ）

美肌効果に優れている。熱に弱
いビタミンCも、れんこんではで
んぷんに守られているため加熱
しても壊れにくい。

ビーツ

（ カリウム ）

血圧を調節したり、細胞の代謝
や神経・筋肉の働きに関わる栄
養素。むくみの解消にも。

[4つの根菜の知っておきたい基礎知識]

大根 を選ぶ際のポイント

傷やひび割れがなくキレイな見た目、ずっしり重いものを選ぶのがベター。辛味は葉に近いほうが弱く、先端にいくほど強くなるので、サラダには葉に近いほうを使うのがおすすめ。

千切りは繊維に沿って
繊維に沿うように切ることで、適度に水分を保つことができ、しゃきしゃき食感が楽しめる。

ごぼう を選ぶ際のポイント

乾燥から守り鮮度や風味を保ちたいのなら、泥付きを。手軽に使いたいのなら洗いごぼうでも。太さが均一でひげ根が少ないもの、洗いごぼうなら表面がなめらかでひび割れしていないものを。

下ごしらえのコツ

たわしなどで泥を落としてから、包丁の背でなぞるようにして皮をむく。その後、えんぴつを削るような要領で、ごぼうを回しながら斜めに刃を入れて薄く削いでいく。削ぎ終えたら、水をはったボウルに5分程さらしてあく抜きを。

れんこん を選ぶ際のポイント

まるまるとしていて傷が少なく寸胴型の、ずっしりと重量感があるものを。カットされている場合は、切り口や穴の中が黒ずんでいないものを選んで。

下ごしらえのコツ

ピーラーで皮をむき、食べやすい大きさに切り、水をはったボウルに5分程さらしてあく抜きを。長くさらすとビタミンが流出してしまうので注意。使い切れない場合は、適宜カットしてあく抜きをしてから保存袋に入れて冷凍保存も可。

ビーツ を選ぶ際のポイント

大きすぎるものは中がスカスカのこともあるので避け、手のひらにのるくらいの大きさのものを。ずっしりと重みが感じられるものがベター。ゆでるのはもちろん、薄切りにして生のまま活用もできる。

下ごしらえのコツ

ゆでる場合は、皮はむかずにたっぷりの水をはった鍋に入れ、沸騰してから約30分ゆでる。竹串がスッと刺さるくらいの柔らかさになったらOK。鍋を火からおろし、ゆで汁に浸したまま冷まして。適宜カットし保存袋に入れれば、冷凍保存も可。

大根とサバ缶のサラダ

脳の働きを高めるDHA、血液サラサラ効果のEPA、免疫をサポートするビタミンD…
注目のサバ缶で滋味あふれるひと皿に。

[材料] 作りやすい分量

大根 … 長さ約5cm分 (100g)

サバ水煮缶 … 1/2缶

A ┌ オリーブオイル … 大さじ1/2
  │ レモン汁 … 大さじ1
  └ しょうゆ … 少々

パセリ (乾燥・トッピング用) … 適宜

[作り方]

1 大根を千切りにする。

2 ボウルに1と軽く汁気をきり食べやすい
  大きさにほぐしたサバ、Aを入れざっく
  りあえる。

3 皿に盛り、パセリを適宜トッピング。

(エイジングケア) (美ボディ) (デトックス)

大根と梅干しの甘酢サラダ

酸味と甘みがバランスいいサラダは、箸休めにぴったり。疲労回復効果も◎。

[材料] 作りやすい分量

大根 … 長さ約5cm分 (100g)

梅干し … 2個

A
┌ ごま油 … 大さじ1
│ 酢 … 大さじ1
│ きび砂糖 … 小さじ1/4
└ しょうゆ … 小さじ1/4

[作り方]

1　大根は皮をむき、やや太めの千切りに。

2　ボウルに種を取り除いた梅干しを入れ、指もしくはフォークなどを使ってつぶす。

3　2に1とAを入れ、ざっくりあえる。

Point

梅干しは塩味が効いたものではなく、ハチミツなどに漬け込んである酸味がマイルドなものを使うのがおすすめ。

（エイジングケア）（美ボディ）（デトックス）

大根と帆立のサラダ

高たんぱく低カロリー、ミネラル豊富な帆立。
大根×マヨの定番サラダは粉さんしょうがアクセント！

[材料] 作りやすい分量

大根 … 長さ約5cm（100g）

帆立貝柱缶（ほぐし身でOK） … 70g

マヨネーズ … 大さじ2

塩 … ひとつまみ

粉さんしょう … 適宜

[作り方]

1　大根は千切りに。

2　ボウルに1と軽く汁気をきった帆立貝柱の
　　身、マヨネーズ、塩を入れ、ざっくりあえ
　　て味を整える。

3　皿に盛り、粉さんしょうを適宜トッピング。

潤い美肌　エイジングケア　美ボディ　デトックス

れんこんとカッテージチーズの
バルサミコ風味

れんこん×カッテージチーズ×バルサミコで驚きのおいしさ！　ボディメイクのお供に。

[材料] 作りやすい分量

れんこん … 1節

オリーブオイル … 大さじ1

A
- カッテージチーズ
　… 大さじ2程度
- バルサミコ酢 … 大さじ1
- 塩・こしょう … 少々

パセリ（乾燥・トッピング用）… 適宜

[作り方]

1 れんこんは皮をむき、幅約1cmの半月切りに。水に10分程さらし、あく抜きをする。

2 鍋に水気をきった1と水（分量外）を入れ、火にかける。沸騰したら中弱火にして5分程、シャキッとした食感が残るくらいの柔らかさになるまでゆでてざるにあげる。

3 2をボウルに入れオリーブオイルを絡ませ粗熱をとったら、Aを加えてざっくりあえる。皿に盛り、パセリを適宜トッピング。

潤い美肌 透明感アップ エイジングケア デトックス

れんこんとパプリカの洋風きんぴらサラダ

パプリカは「赤」がとくに美肌効果絶大。体の中からキレイを欲張りに目指して…。

[材料] 作りやすい分量

れんこん … 1節

パプリカ … 1/2個

オリーブオイル … 大さじ1

白ワイン（酒で代用も可）… 大さじ2

A ┌ バルサミコ酢 … 大さじ1
　├ きび砂糖 … ひとつまみ
　└ 塩・黒こしょう … 少々

[作り方]

1 れんこんは皮をむき、幅約3mmに切る。水に5分程さらし、あく抜きをする。パプリカは種を取り除き、約2cmの角切りに。

2 フライパンにオリーブオイルを熱し、れんこんと白ワインを加え3分程炒める。

3 さらにパプリカを加えて油が回ったら、Aを加えてざっくり混ぜ、味を調える。

(潤い美肌)(エイジングケア)(美ボディ)(美髪)(デトックス)

シャキシャキれんこんとひじきのサラダ

サッとゆでた薄切りのれんこん×食物繊維やカルシウム、
鉄分豊富なひじきで、食感よく滋味あふれるサラダに。

[材料] 作りやすい分量

れんこん … 1節

芽ひじき (乾燥) … 大さじ2程度

A
　ごま油 … 大さじ1
　しょうゆ … 大さじ2/3
　酢 … 大さじ1
　きび砂糖 … ひとつまみ
　黒すりごま (なければ白すりごまで
　　代用も可) … 大さじ1/2

[作り方]

1　芽ひじきはたっぷりの水に浸し30分程置
　いて戻した後、熱湯で30秒程ゆでる。

2　れんこんは皮をむき、約2mm幅の薄い半月
　切りに。水に5分程浸してから、水をはっ
　た鍋に入れ沸騰してから2〜3分程ゆで、
　シャキシャキ感が残るくらいの食感になっ
　たら、ざるにあげ粗熱をとる。

3　水気をきった1と2をボウルに入れ、Aを
　加えてざっくり混ぜ、味を調える。

（潤い美肌）（エイジングケア）（美ボディ）（デトックス）

ごぼうとオイルサーディンのサラダ

美肌＆血液サラサラ効果のあるいわしのオイル漬け×ごぼうで旨味たっぷり！

[材料] 作りやすい分量

ごぼう … 1本

オイルサーディン … 1/2缶 （約30g）

A
- オリーブオイル … 大さじ1/2
- バルサミコ酢 … 大さじ1
- 粒マスタード … 小さじ1/2

[作り方]

1 ごぼうはささがきに（P.57参照。写真では「しりしり器」P.47を使用）。水に5分程さらしてあく抜きをした後、水をはった鍋に入れて火にかけ、沸騰してから3分程ゆでる。ざるにあげて水気をきる。

2 粗熱をとった1と、少量の油とともにオイルサーディンをほぐしながらボウルに入れ、Aを加えてざっくり混ぜて味を調える。

透明感アップ　美ボディ　デトックス

ごぼうとたたききゅうりのビネガーマヨ

ビネガーをプラスしてマヨネーズの量を控えめに。白ごま＆くるみでコクアップ。

[材料] 作りやすい分量

ごぼう … 1本

きゅうり … 1本

A
┌ マヨネーズ … 大さじ1
│ 白ワインビネガー … 大さじ1
└ 白すりごま … 大さじ1

くるみ（トッピング用） … 適宜

[作り方]

1 ごぼうは流水で泥を落とした後、包丁の背で表面をなぞるようにして皮をむき、長さ4～5cm、幅3～4mmの拍子木切りに。水に5分程さらしてあく抜きをした後、水をはった鍋に入れて火にかけ、柔かくなるまでゆでる。ざるにあげて水気をきる。

2 きゅうりはへたをカットし、まな板の上に置き、少しずつ回転させながらすりこぎなどでたたいて割れ目を入れる。その後、食べやすい大きさに手でちぎる。

3 粗熱をとった1と2、Aをボウルに入れてざっくりあえる。皿に盛り、砕いたくるみをトッピング。

（潤い美肌）（エイジングケア）（美ボディ）（デトックス）

ビーツのころころポテトサラダ

鮮やかなピンク色で心も晴れやかに。じゃがいもはしっかりめに食感を残すのがポイント。

[材料] 作りやすい分量

ビーツ … 大1/2個（約150g）

じゃがいも … 1個

オリーブオイル … 大さじ1/2

A ┌ 赤ワインビネガー … 小さじ1
　├ マヨネーズ … 大さじ1/2
　└ 粒マスタード … 小さじ1/2

[作り方]

1　ビーツは皮をむかずにそのまま、水をはった鍋に入れ、火にかける。沸騰したら中弱火にして、30分ゆでる。火からおろし、鍋に入れたまま粗熱をとる。その後、皮をむき、1cm角にカット。ボウルに入れ、オリーブオイルを絡ませておく。

2　じゃがいもは皮をむき、1cm角に切ってから鍋に入れ火にかけ、程よい硬さになるまでゆでる。ゆですぎてくずれないよう注意。水気をきったら、1のボウルに加える。

3　じゃがいもの粗熱がとれたら、ボウルにAを加え、ざっくりあえる。

潤い美肌) (透明感アップ) (エイジングケア) (美ボディ) (デトックス

ビーツとオレンジのサラダ

生のビーツのしゃきしゃき感＆ほのかな土っぽさに、オレンジの爽やかさをプラス。
美容偏差値を劇的に上げるサラダ。

[材料] 作りやすい分量

ビーツ … 大1/4個（約80g）

オレンジ … 1個

塩 … ひとつまみ

赤ワインビネガー … 大さじ1

オリーブオイル … 大さじ1

黒こしょう … 少々

[作り方]

1 ビーツは皮をむき、幅約2mmの半月切りに。
オレンジは幅4〜5mmのいちょう切りに。

2 ボウルにビーツと塩ひとつまみと赤ワイン
ビネガーを入れて混ぜ水分が出てきたら、
オレンジとオリーブオイル、黒こしょうを
加えてざっくりあえて味を調える。

No. 003 | 美容研究家 小林ひろ美さんの

大根とハムの
やみつきサラダ

(潤い美肌) (エイジングケア) (美ボディ) (デトックス)

[PROFILE]

Hiromi Kobayashi

美・ファイン研究所主宰。シミもシワ
も毛穴もゆるみもない、50代後半とは思えない美肌の持ち主。毎日のお手入れが楽しくなるようなユニークな美容法にファンが多い。

「もう何十年も作り続けているMy定番サラダは、大根とハムの組み合わせ。私はもちろん、母である美容研究家の小林照子も大好きな一品です。大根は季節にかかわらず手に入りやすい上、さまざまな料理に活用できるから便利。カロリーが低く、歯ごたえもよく、食物繊維がたっぷりとれ胃腸のお掃除にもなる大根のサラダは、あっさりとした風味でモリモリと食べられます。普段はマヨネーズとお酢でシンプルに味付けをしていますが、シーンに合わせて味付けをアレンジしながら楽しんでいます」

味の深みが違うお酢
〝富士酢プレミアム〟を常備

「良質なアミノ酸たっぷりのお酢は、血液サラサラ、血行促進、免疫力向上も狙える調味料。農薬不使用栽培の米を使いこだわりの製法で作られた、まろやかで濃厚な味わいの〝富士酢プレミアム〟を愛用しています」

おもてなしには大根×ハムをミルフィーユ風串さしアレンジ！

「皮をむき約3mm幅の輪切りにした大根を甘酢（酢大さじ2、砂糖大さじ1、塩ひとつまみ）に10分程漬け込み、ハムと交互に重ねます。楊枝を4本刺して1/4にカットすれば、大根×ハムのコンビがおもてなし料理に」

[材料] 作りやすい分量

大根 … 約5cm

ハム（できれば無添加のもの）
　　　… 3枚

A ┌ マヨネーズ … 大さじ1
　├ 酢 … 小さじ1
　└ 塩・こしょう … 少々

[作り方]

1　大根は皮をむき、繊維に沿って千切りにする。ハムは半分にカットして千切りに。

2　ボウルに1とAを入れてざっくり混ぜ、味を調える。

Potherbs

香味野菜

料理を引き立てる独特の香りが特徴的な香味野菜は、風味だけで
なく栄養価もパワフル！ サラダにすれば、デトックス感たっぷり。

パクチー

βカロテン

体内でビタミンAに変換。強い抗
酸化作用をもち、老化を促進して
しまう活性酸素を抑制＆除去。

and more…
美容ビタミンのC、若返りビタミン
のE、カルシウムや食物繊維も。

[選ぶ際のポイント]

香菜（シャンツァイ）という名前で
売られている場合も。茎が太すぎ
るものはサラダでは食べにくいの
で避け、葉がみずみずしく葉先ま
でシャキッと元気で緑色が濃いも
のを。サラダの場合、根は切り落と
し、茎と葉を使用。

ルッコラ

(ビタミンC)

コラーゲンの生成を助ける水溶性ビタミン。肌や髪を美しく保つほか、抗酸化作用も高い。

[選ぶ際のポイント]

葉の緑色が濃く鮮やかなほど風味が強く栄養価も高い傾向が。葉が黄色っぽくなっておらず、葉も茎もシャキッとしているものを選んで。植物学的には別種だが、より辛味も風味も強い"ワイルドルッコラ"ともいわれる「セルバチコ」(右)もおすすめ。

クレソン

(シニグリン)

辛味成分の一つで、消化促進、血行促進の作用がある。抗菌力も高く、口臭予防にも効果的。

[選ぶ際のポイント]

葉の色が黄色っぽくなっているものは、鮮度が落ちているサイン。葉の色が濃く、しおれておらず、ツヤツヤしているもの。茎もシャキッとしてハリがあるものを選んで。

セロリ

(ビタミンB)

主にビタミンB_1とB_2。体のエネルギーを作る働きがある。不足すると疲労感やだるさの原因に。

[選ぶ際のポイント]

茎の部分が太くハリがあり肉厚なもの。筋がしっかり出ているものが鮮度高め。葉もシャキッとしていて色が鮮やかな緑色のものを。サラダには茎の部分のみを使用。葉部分はスープや煮込み料理などに活用して。

セリ

(ビタミンC)

免疫力を高めるとともに、活性酸素の働きを抑え、肌や髪に潤いを保つ効果が高い。

[選ぶ際のポイント]

鍋に入れるイメージが強いセリですが、サラダには天然ものではなく水耕栽培のセリをチョイス。生のまま食べられ、独特のシャキシャキ感が味わえるのが魅力。葉がみずみずしく緑色が鮮やかで、茎から葉先までシャキッとしているものを。

パクチーとみょうがのピリ辛サラダ

むくみやくすみが気になるときのデトックスサラダ。
豆板醤を加えたピリ辛なやみつき風味で。

[材料] 作りやすい分量

パクチー … 1〜2束

みょうが … 2個

ごま油 … 大さじ1

A
- しょうゆ … 小さじ1/2
- 酢 … 大さじ1
- きび砂糖 … ひとつまみ
- 豆板醤 … 小さじ1/4

一味唐辛子 … 適宜

[作り方]

1 パクチーは長さ4〜5cmに切る。みょうがは縦1/8のくし形切りに。

2 ボウルに1を入れごま油を絡ませてから、Aを加えてざっくりあえる。

3 皿に盛り、上に一味唐辛子をトッピング。

（エイジングケア）（美ボディ）（デトックス）

パクチーとマッシュルームのサラダ

生のマッシュルームのおいしさに驚き！　整腸作用＆デトックス感ばっちりの組み合わせ。

[材料] 作りやすい分量

パクチー … 1〜2束

マッシュルーム … 4個

オリーブオイル … 大さじ1/2

A ［ 白ワインビネガー … 大さじ1/2

レモン汁 … 大さじ1/2

塩・黒こしょう … 少々 ］

[作り方]

1 パクチーは長さ約4cmに切る。マッシュルームは薄切りに。

2 ボウルに**1**を入れオリーブオイルを絡ませてから、**A**を加えてあえ、味を調える。

Point

マッシュルームは生のまま使うので、かさが締まっていて切り口が変色していない新鮮なものを選んで。

エイジングケア　美ボディ　デトックス

パクチーと梨のサラダ

肌と体のアンチエイジングに。ごま油＆すりごまの風味でコクがありながらもあっさり。

[材料]作りやすい分量

パクチー … 1束

梨 … 1/4個

ごま油 … 大さじ1/2

A
しょうゆ … 小さじ1/4
酢 … 大さじ1
塩 … 少々
白すりごま … 小さじ1

[作り方]

1 パクチーは長さ約4cmに切る。梨は皮をむき、食べやすい大きさに切る。

2 ボウルに**1**を入れ、ごま油を絡ませてから、**A**を加えてざっくり混ぜる。

透明感アップ　エイジングケア　美ボディ　デトックス

パクチーとパイナップルの
アジア風味サラダ

異国情緒あふれるコンビは、疲労回復や免疫サポート、整腸効果も！

[材料] 作りやすい分量

パクチー … 1束

パイナップル … 1/8個程度

太白ごま油 … 大さじ1

A [白ワインビネガー … 大さじ1/2
　　 塩・こしょう … 少々

フライドオニオン … 適宜

[作り方]

1　パクチーは長さ約4cmに切る。パイナップル
　　は食べやすい大きさに切る。

2　ボウルに1を入れ太白ごま油を絡ませてから、
　　Aを加えてざっくりあえて味を調える。

3　皿に盛り、フライドオニオン適宜をトッピング。

Point
パイナップルは缶詰ではなく、生の果実（カットフルーツで
も可）を使うのがおすすめ。

（潤い美肌）（エイジングケア）（美髪）（デトックス）

セルバチコと桃のサラダ

〝ワイルドルッコラ〟とよばれる野性味あふれるセルバチコ×熟れた桃で、魅惑の風味に。

[材料] 作りやすい分量

セルバチコ（ルッコラで代用も可）
　　… 1/2袋
桃 … 1個
オリーブオイル … 大さじ1
A ［ レモン汁 … 大さじ1
　　 塩・黒こしょう … 少々

[作り方]

1　セルバチコは根を切り落とし、長さ約4
　　cmに切る。

2　桃は皮をむき、食べやすい大きさに切る。

3　ボウルに1と2を入れオリーブオイルを
　　絡ませてから、Aを加えてざっくり混ぜ、
　　味を調える。

潤い美肌　透明感アップ　美ボディ　美髪

ルッコラとトマトのシーザーサラダ風

ビタミンC×リコピンパワーで、髪も肌もブラッシュアップ！

[材料] 作りやすい分量

ルッコラ … 1束

トマト … 1個

A ┌ オリーブオイル … 大さじ1/2
　│ 白ワインビネガー … 大さじ1/2
　│ マヨネーズ … 大さじ1/2
　│ きび砂糖 … ひとつまみ
　└ 黒こしょう … 少々

粉チーズ … 適量

[作り方]

1 ルッコラは長さ約4cmに切る。トマトは幅約8mmの半月切りに。

2 ボウルにAを入れてスプーンなどでムラなく混ぜてから、1を加えてざっくりあえる。

3 皿に盛り、粉チーズを好きなだけトッピング。

潤い美肌　エイジングケア　美ボディ　美髪

クレソンとローストビーフのサラダ

添え物ではないたっぷりのクレソンが主役。食べ応えたっぷりの肉食ニコサラダ。

[材料] 作りやすい分量

クレソン … 1束

ローストビーフ … 60g

A
- オリーブオイル … 大さじ1
- バルサミコ酢 … 大さじ1
- しょうゆ … 小さじ1/2
- おろししょうが … 小さじ1
- 塩・黒こしょう … 少々

[作り方]

1　クレソンは長さ約4cmに切る。ローストビーフは食べやすい大きさに切る。

2　ボウルにAを入れて、スプーンなどでムラなく混ぜる。

3　2に1を加えざっくりあえる。

（透明感アップ）（エイジングケア）（デトックス）

クレソンとセロリのサラダ

ハニービネガーで甘味と酸味をバランスよく。Wの香味野菜でポジティブにデトックス。

[材料] 作りやすい分量

セロリ（根〜茎部分）… 1本分

クレソン … 1束

オリーブオイル … 大さじ1

A ┌ レモン汁 … 大さじ1/2
　├ 白ワインビネガー … 大さじ1/2
　├ 塩 … ひとつまみ
　└ ハチミツ … 大さじ1/2

[作り方]

1　セロリは筋をとり、長さ約4cmの千切りに。クレソンは長さ約4cmに切る。

2　ボウルに1を入れオリーブオイルを絡ませてから、Aを加えてざっくり混ぜて味を調える。

（美ボディ）（美髪）（デトックス）

セロリとズッキーニの
サラダピクルス

酢の健康促進＆疲労回復効果は計り知れず。
ピクルス感覚でポリポリ食べたい一品。

[材料] 作りやすい分量

セロリ（茎部分）… 7cm程度

ズッキーニ … 1/2本

オリーブオイル … 大さじ1

クミンシード … 小さじ1/2程度

A ┌ 酢 … 50cc
　├ きび砂糖 … 大さじ1/2
　└ 塩 … ひとつまみ

[作り方]

1 セロリは筋をとり、4〜5mm幅に切る。ズッキーニは5mmにカットしてから、さらに横半分の半月形に切る。

2 フライパンにオリーブオイルとクミンシードを入れ火にかける。オリーブオイルが温まったら、セロリとズッキーニを加えて2分程炒める。熱を加えることで、クミンの風味がつきやすくなる上、酢の味もなじみやすくなる。

3 粗熱がとれたら、ジップ付き保存袋に**2**と**A**を加え、空気がなるべく入らないよう封をし、手で軽くもみこむ。袋に入れたまま冷蔵庫で1時間以上冷やす。

セロリの筋のとり方
葉のついた部分と茎を切り分け、根元の硬い部分を切り落とす。葉がついていた側の茎の切り口に包丁をあて、筋を削ぐようにしてとっていって。包丁でうまくできない場合はピーラーを使っても。

Point
ジップ付き保存袋に入れたまま冷蔵庫で3〜4日は保存可能。多めに作って常備菜にしても。

（透明感アップ）（エイジングケア）（美ボディ）（デトックス）

セリと紫キャベツのコールスロー

緑のキャベツより高い抗酸化力をもつ紫キャベツを使って、美容感度高いサラダに。

[材料] 作りやすい分量

セリ … 1束

紫キャベツ … 1/8玉

塩 … 小さじ1/4

A
┌ マヨネーズ … 大さじ1
│ 酢 … 小さじ1
│ きび砂糖 … 小さじ1/2
└ 黒こしょう … 少々

松の実 … 適宜

[作り方]

1 紫キャベツを千切りにしてボウルに入れ、塩を軽くもみこんで5分程おいてしんなりさせる。

2 セリを長さ約4cmに切る。

3 1の水分を絞ったあと、**2**と**A**をボウルに加えてざっくり混ぜ、味を調える。皿に盛り、松の実を適宜トッピング。

透明感アップ　エイジングケア　美ボディ　デトックス

セリのキムチあえサラダ

発酵食品のキムチとあえただけで、驚きのおいしさ。腸からキレイの底上げを！

[材料] 作りやすい分量

セリ … 1束
キムチ … 30g
ごま油 … 小さじ1/2

[作り方]

1　セリは長さ約4cmに切る。

2　ボウルに1とキムチ、ごま油を加えざっくり混ぜる。

Egg
卵

手軽にとれるたんぱく源、ダイエット食材としても近年、
再注目されている卵。断然おすすめは、緑の野菜とのコンビ。

キレイをサポートしてくれる
栄養素は…

たんぱく質

アミノ酸のバランスを示すスコア
は最高点の100点。良質なたんぱ
く質は、主に卵白に含まれている。

ビタミンB群

B2は脂質の代謝、B12はたんぱく
質の合成やアミノ酸の代謝を補助。
健康な体作りに欠かせない栄養素。

ビタミンD

体内のカルシウム吸収を助け、体
作りをサポート。近年は免疫力UP
にも有効なのではとされている。

ビタミンA

油に溶けやすい脂溶性ビタミン。
皮膚や粘膜を正常に保つ効果が
あり、目の健康にも欠かせない。

and more…

鉄やリン、亜鉛などミネラル類も
豊富。食物繊維とビタミンC以外
の全ての栄養素を含んでいる。

[おいしい卵を選ぶポイント]

── Check 1 ──

**賞味期限が
2週間近くあるもの**

賞味期限は「卵が生で食べられる期限」のこと。サラダでは卵に火を通して使いますが、半熟の場合もあるので、賞味期限はなるべく長いほうが安心。産卵日の表示がある場合は併せてチェックして。

── Check 2 ──

**ちょっと値は張るが「平飼い」
「放し飼い」の卵がやはりおいしい**

狭いケージではなく、開放的な鶏舎で飼育されている鶏の卵はやはりおいしさが違う！ ストレスがかかりにくいので抗生剤などの余計な薬を使わずに育てられており安全。さらに「遺伝子組み換え・ポストハーベスト不使用」などの表示がある鶏のえさにもこだわった卵がベスト。

覚えておきたい！ ────── **How to** ──────

ゆで卵の殻のキレイなむき方

1

ゆであがった卵を氷水でよく冷やす。

2

粗熱がとれたら、卵をテーブルに軽く打ち付ける。

3

そのまま軽い圧をかけながら卵を一周転がして殻にヒビを入れる。半熟卵はつぶれやすいので、力をいれすぎないよう注意して。

4

殻が見事につるっとキレイにむける！

(透明感アップ) (エイジングケア) (美ボディ) (美髪)

ブロッコリーのミモザサラダ

白身＆黄身それぞれを細かくしてトッピングすれば、
見た目も鮮やかな"ミモザ"風サラダに。

[材料] 作りやすい分量

ブロッコリー … 1/2株

卵 … 1個

オリーブオイル … 大さじ1

A［ バルサミコ酢 … 大さじ1
　　塩・黒こしょう … 少々

黒こしょう … 適宜

[作り方]

1　ブロッコリーは食べやすい大きさに切り、程
　　よい硬さになるようゆでる(電子レンジ600W
　　に約2分かけても)。食感が程よく残るほうが
　　おいしいので、柔らかくなりすぎないよう注意。
　　温かいうちにボウルに入れてオリーブオイル
　　を絡ませておく。卵は固ゆで(お湯が沸騰し
　　てから約10分が目安)にし、氷水にひたし粗
　　熱をとったら、殻をむいて白身と黄身に分ける。

2　白身は包丁で粗めに刻む。

3　黄身はざるでこして細かくする。

4　1のボウルにAを加えて味を調える。皿に盛り、
　　上に白身と黄身をトッピング。さらに黒こしょ
　　うを挽いて仕上げを。

Point
食材2コの「ミモザサラダ」はほかに、いんげんやズッキーニ
のほか、ケールやベビーリーフ、サラダほうれん草などの
葉物野菜でアレンジしても！

Variation

たんぱく質たっぷりで美肌＆美ボディを目指す
卵×ブロッコリーのニコサラダ応用編！

ゆで卵とブロッコリーのごま味噌あえ

ごろっと盛りつけたゆで卵をくずしながらいただくサラダ。
すりごま×味噌で和風にアレンジ。

[材料] 作りやすい分量

ブロッコリー … 1/2株

卵 … 1個

A
- 白ごま油 … 小さじ1
- 黒酢（酢で代用も可）… 小さじ1
- 味噌 … 小さじ1/2
- 白すりごま … 小さじ1
- きび砂糖 … ひとつまみ

[作り方]

1 ブロッコリーは食べやすい大きさに切り、程よい硬さになるようゆでる（電子レンジ600Wに約2分かけても）。食感が程よく残るほうがおいしいので、柔らかくなりすぎないよう注意。卵は半熟になるようにゆでる（お湯が沸騰してから約6分が目安）。粗熱をとって殻をむき、横半分に切る。

2 ボウルにAをすべて入れ、スプーンなどで混ぜてドレッシングを作る。

3 2に1を加え、ざっくりあえる。

ブロッコリーの卵マヨサラダ

マヨネーズとクリームチーズで味付けした卵をブロッコリーとあえた
箸が止まらないサラダ。

[材料] 作りやすい分量

ブロッコリー … 1/2株

卵 … 1個

A
- マヨネーズ … 大さじ1
- クリームチーズ（常温におき柔かくしておく）… 約15g
- 塩・黒こしょう … 少々

[作り方]

1 卵は固ゆでに（お湯が沸騰してから約10分が目安）して、冷ましておく。ブロッコリーは食べやすい大きさに切り、程よい硬さになるようゆでる（電子レンジ600Wに約2分かけても）。食感が程よく残るほうがおいしいので、柔らかくなりすぎないよう注意。

2 ボウルに殻をむいた卵を入れフォークなどで細かくつぶしたら、Aを加えて味を調える。

3 2にブロッコリーを加えてざっくりあえる。

（潤い美肌）（エイジングケア）（美ボディ）（美髪）

アスパラのビスマルク風

アスパラに半熟の目玉焼きをのせたホットサラダ。卵をくずして絡ませながら召し上がれ。

[材料] 作りやすい分量

アスパラガス … 4本

塩 … ひとつまみ

卵 … 1個

オリーブオイル … 大さじ1

塩・黒こしょう … 少々

粉チーズ … 適量

[作り方]

1 アスパラガスは根元の硬い部分を少しカットし、フライパンで沸かしたお湯に塩ひとつまみを入れて、そのまま3分程ゆでる。

2 フライパンにオリーブオイル大さじ1/2を熱し、目玉焼きを作る。黄身は半熟に仕上げる。

3 皿に1を盛りオリーブオイル大さじ1/2をかけた後、2をのせて塩・黒こしょう、粉チーズを振りかける。

潤い美肌　エイジングケア　美ボディ　美髪

卵といんげんの粒マスタードマヨサラダ

免疫をサポートし、美肌効果もあるいんげんと卵の組み合わせ。
粒マスタードを効かせて味にひねりを。

[材料] 作りやすい分量

いんげん … 10本

卵 … 1個

A
- マヨネーズ … 小さじ1
- 酢 … 小さじ1
- 粒マスタード … 小さじ1/2
- 塩・黒こしょう … 少々

[作り方]

1 いんげんはへたを切り、1本を食べやすいよう3等分にカット。鍋に沸騰させたお湯で2分程ゆでる（電子レンジを使っても）。

2 卵は半熟になるようゆでる（お湯が沸騰してから約6分が目安）。粗熱をとって殻をむき、横半分に切る。

3 ボウルに1とAを入れて混ぜ、味を調える。皿に2とともに盛り、最後にボウルに残ったドレッシングを卵の上にかける。

BEAUTY FOOD
8
NICO SALAD

Tuna

ツナ

料理に幅広く使えるストック食材のツナ缶はサラダにも大活躍。
野菜と合わせると旨味たっぷり、栄養バランスもいいひと皿に。

キレイをサポートしてくれる
栄養素は…

たんぱく質

筋肉・骨・血液の材料で、健康的な
体作りには欠かせない。朝から
しっかり摂りたい栄養素のひとつ。

DHA

体内で生成できない必須脂肪酸の
ひとつ。脳のめぐりをスムーズに
し、血液サラサラ効果も。

EPA

こちらも体内で生成できない必須
脂肪酸。血管や血液の健康をサ
ポートし、生活習慣病の予防にも。

リノール酸

ツナ缶の油に含有。必須脂肪酸の
ひとつで、血中コレステロール濃
度が上がりにくい性質をもつ。

and more…

少量ではあるが、鉄分やビタミンK
も含まれている。カロリーが気に
なる人は水煮缶がおすすめ。

[ツナ缶には「マグロ」と「カツオ」がある!?]

ツナ缶にはビンナガマグロ、キハダマグロのほか、カツオを原料としたものも。
値段はカツオを使ったもののほうが比較的安価。マグロのほうが旨味がある、
カツオのほうがあっさりしている、など賛否両論ありますが、DHA、EPAなどの
栄養成分が比較的豊富なのはマグロ。味の好みで選んでも。

[サラダにとくにおすすめなのは、ブロックタイプ！]

ツナ缶といえばフレークタイプがメジャーですが、サラ
ダにおすすめなのはブロック（塊）やチャンク（大きめに
ほぐされたもの）タイプのツナ缶。ゴロッとした食感と上
質な旨味を楽しめます（写真は「シーチキン ファンシー」）。

マグロの柵がお得に
手に入ったら…

How to

「手作りツナ」にTRY！

[材料] 作りやすい分量

マグロ … 300g程度

塩こしょう … 適量

A
オリーブオイル（なたね油、米油、太白
　ごま油などでもOK）… 150〜200cc
ニンニク（半分に切る）… 1かけ
ローリエ … 1枚
鷹の爪 … 1本
その他お好みのスパイス（クミン、
　オレガノ、ナツメグなど）… 少々

[作り方]

1 柵を2〜3等分にカット（鍋に入る大
きさ）してから、皿にキッチンペーパー
を敷き、マグロにまんべんなく塩・黒
こしょうをして15分程置く。

2 出てきた水分をキッチンペーパーで
しっかりと取り除いてから、厚手の鍋
にマグロを入れ、**A**をすべて入れる。
オリーブオイルの量はマグロが7〜8
割浸かるくらいを目安に。

3 中火にかけ、グツグツ沸いてきたら最
小の弱火に。適宜ひっくり返し油がま
んべんなく行き渡るようにして、コト
コトと20分火を通せばできあがり！

Point
できあがったツナは保存容器に油や具材ごと移し、
冷めたら冷蔵庫へ。冷蔵庫で約2週間保存可能。
残った油はサラダや炒め物に活用しても。

（潤い美肌）（美ボディ）（美髪）（デトックス）

白菜とツナの中華風味サラダ

コクがありながらもあっさり、やみつきな中華風の味付け。
食物繊維がたっぷりなので、便秘気味なときにモリモリ食べたい一品。

[材料] 作りやすい分量

白菜 … 1/10個

ツナ … 50g

ごま油 … 大さじ1/2

A
［ しょうゆ … 大さじ1
　 酢 … 大さじ1
　 きび砂糖 … 小さじ1/4
　 白すりごま … 大さじ1 ］

[作り方]

1 白菜は長さ約4cm、幅7〜8mmのたんざく切りに。

2 ボウルに1を入れごま油を絡ませる。

3 ツナとAをすべて加え、ざっくり混ぜて味を調える。

Point
P.96〜97のバリエーションの他、大根、水菜、きゅうり、にんじん、トマトなどでアレンジしても。

Variation

いろいろな野菜でアレンジしたい！
中華風味ツナサラダ

潤い美肌　エイジングケア　美ボディ　美髪　デトックス

春菊のツナサラダ

独特の苦みと風味のある生の春菊が、ツナの旨味と混ざり合いとにかくおいしい！

[材料] 作りやすい分量

春菊 … 1/2袋

ツナ … 50g

ごま油 … 大さじ1/2

A ┌ しょうゆ … 大さじ1
  │ 酢 … 大さじ1
  │ きび砂糖 … 小さじ1/4
  └ 白すりごま … 大さじ1

[作り方]

1　春菊は長さ約4cmに切る。

2　ボウルに1を入れごま油を絡ませてから、ツナとAを加え、ざっくり混ぜて味を調える。

Point
お好みで辣油をトッピングして、ピリ辛風味にアレンジするのもおすすめ！

エイジングケア　美ボディ　美髪

かぶのツナサラダ

かぶは根だけでなく、茎も刻んで加え、
彩り＆栄養価アップ。

[材料と作り方]

1 かぶ2個は皮をむき、幅1〜2mmの薄
切りに。茎部分（お好きな量）も細か
く刻む。かぶの根＆茎をボウルに入
れ、塩ひとつまみを軽くもみこんで5
分程おいておく。

2 1の水気を絞り、ツナ50g、ごま油大
さじ1/2、しょうゆ大さじ1、酢大さじ
1、きび砂糖小さじ1/4、白すりごま
大さじ1を加えてざっくり混ぜ、味を
調える。

潤い美肌　透明感アップ　美ボディ　美髪

ブロッコリーの
ツナサラダ

たんぱく質が効率的にとれるブロッコリ
ーをごろっと入れ、食べ応えもたっぷり。

[材料と作り方]

1 ブロッコリー1/2房は食べやすい
大きさに切り、程よい硬さになる
ようゆでる（電子レンジ600Wで約
2分でも）。食感が残るほうがおい
しいので、ゆですぎないように。

2 ボウルに1を入れごま油大さじ1/2
を絡ませてから、ツナ50g、しょ
うゆ大さじ1、酢大さじ1、きび砂糖
小さじ1/4、白すりごま大さじ1を
加えてざっくり混ぜ、味を調える。

ゴーヤのツナマヨサラダ

苦みがクセになる！　ビタミンCやカリウム、葉酸を含むゴーヤでスッキリとした美しさを。

[材料] 作りやすい分量

ゴーヤ … 1/2本

ツナ … 50g

塩 … ひとつまみ

A
マヨネーズ … 大さじ1
きび砂糖 … 小さじ1/4
酢 … 小さじ1/2
白すりごま … 小さじ1

[作り方]

1　ゴーヤは縦半分に切り、中綿をスプーンで取り除いた後、2mm幅に切る。

2　鍋にお湯を沸かし沸騰したら、1を塩ひとつまみとともに入れて30秒くらいさっとゆで、ざるにあげて水気をよくきる。

3　ボウルに2とツナ、Aを入れてざっくり混ぜ、味を調える。

(エイジングケア) (美ボディ) (美髪)

カボチャのツナサラダ クミン風味

免疫をサポートするカボチャ。糖化を防ぐ効果もあるクミンで美肌力も引き上げ！

[材料] 作りやすい分量

カボチャ … 1/8〜1/10個

ツナ … 50g

A
オリーブオイル … 大さじ1
レモン汁 … 大さじ1
塩・黒こしょう … 少々
クミンシード … 小さじ1/2

[作り方]

1 カボチャは種を取り除き、皮つきのまま粗めの千切りに。

2 鍋にお湯を沸かし、沸騰したら1を入れ、2分くらい軽くゆでる。硬さがやや残るくらいに。

3 ボウルに水気をきった2とツナ、Aを加えてざっくり混ぜ、味を調える。

潤い美肌　透明感アップ　美ボディ　美髪　デトックス

カリフラワーのホットツナサラダ

ビタミンC＆ビタミンB群を含み、低糖質・低カロリーなカリフラワー。隠し味はカレー粉。

[材料] 作りやすい分量

カリフラワー … 1/2房

ツナ … 50g

A
- マヨネーズ … 小さじ1
- レモン汁 … 小さじ1
- カレー粉 … 小さじ1/4
- 塩 … 少々

パセリ（乾燥・トッピング用）… 適宜

[作り方]

1 カリフラワーは食べやすい大きさに切り、お湯を沸かした鍋に入れて2〜3分ゆでる（電子レンジなら600Wで2分程度）。食感が残るほうがおいしいので柔らかくなりすぎないよう注意。

2 ボウルに水気を切った1とツナ、Aを入れ、ざっくりと混ぜて味を調える。

3 皿に盛り、適宜パセリをトッピング。

─── NICO SALAD COLUMN ❷ ───

器選びにもこだわれば、毎日の〝ニコサラダ〟がさらにおいしく感じる!?

サラダが映える器の話

写真を撮ってSNSに上げるか否かにかかわらず（笑）、おもてなし時にゲストに料理を楽しんでもらうためにも、自分のテンションを上げるためにも、器にはやっぱりこだわりたいもの。ここでは、門司紀子が愛用している〝サラダが似合う〟おすすめの器をピックアップ！

白い器　どんな色合いのサラダにも合う、シンプルでクリーンな万能選手！

ASTIER de VILLATTE
アスティエ・ド・ヴィラット

パリにアトリエを構えるブランド。純白の釉薬から土色が透けるような独特の風合いと、器単体でも映える繊細なデザインが魅力。

1616 / arita japan
イチロクイチロク アリタジャパン

有田焼の伝統を踏襲しながら新たな可能性を模索している注目のブランド。和洋中、料理のジャンルを問わずマッチし、使い勝手抜群。

MARUMITSU POTERIE
マルミツポテリ

愛知県瀬戸市発のテーブルウェアブランド。シンプルながらもちょっぴりひねりのある器は、毎日の食卓を幸せにしてくれます。

趣のある器　料理が映える！ 温かみのある風合いが魅力

mofgmona no zakka
モフモナノザッカ

沖縄の作家さんが手掛ける素敵な〝やちむん〟を取りそろえるmofgmona no zakka（沖縄県宜野湾市）で購入した器たち。どんな料理も、のせるだけでおいしそうに見せてくれる不思議なパワーが。

yumiko iihoshi porcelain
ユミコ イイホシ ポーセリン

量産品でありながら、味わい深いハンドメイド風の器づくりを目指すブランド。深みのあるやムラの残る色合いで、料理を引き立てるすっきりとシンプルなデザインがお気に入り。

Tofu

豆腐

美肌づくりやダイエットのお供にぴったりのヘルシー食材と
いえば豆腐。アレンジしだいでよりおいしく食べ飽きない一品に。

キレイをサポートしてくれる
栄養素は…

たんぱく質

皮膚、内臓、骨、血液など体を作る
のに欠かせない必須栄養素。適切
に摂取してヘルシーな体作りを。

イソフラボン

エストロゲンという女性ホルモン
に似た働きをもつ。骨粗鬆症や、
がんの予防効果があるとされる。

オリゴ糖

大豆の糖質の栄養素。腸内の善玉
菌であるビフィズス菌を増やし、
腸内環境を整えて便通を改善。

鉄分

鉄欠乏性貧血症状を防ぐ。現代女
性の大半が足りていないとされる
ため意識的に摂取したい栄養素。

and more…

カルシウムやカリウム、ビタミンE
やビタミンB群も少量含有。レシ
チンなど記憶力UPに効く成分も。

［ サラダに適した豆腐の種類 ］

豆腐をごろっと使うサラダなら…

木綿豆腐

豆乳とにがりを容器に入れて固めたものを一度くずしてから圧力をかけ、水分を抜き、再び固めたもの。しっかりとした食感とより濃厚な豆腐の味わいが楽しめる。製造過程で水分を絞ることで栄養分が圧縮されるため、絹ごし豆腐に比べ、たんぱく質やカルシウム、鉄がより多く含まれている。よりコクのある濃厚な風味＆しっかりとした感触でくずれにくい沖縄の島豆腐もサラダに使うのにおすすめ。

白あえ風のサラダなら…

充填絹ごし豆腐

冷やした豆乳を凝固剤とともに容器に注入（充填）・密閉し、加熱して凝固された豆腐。水こしせず、容器に密閉された状態で殺菌が行われるため、日持ちがよく、加熱せずにそのまま白あえ風サラダにも使えるのが魅力。クリーミーでなめらかな口あたりが特徴的。水溶性の栄養素が流出しにくいので、木綿豆腐に比べるとビタミンB群やカリウムが多い。

\ 豆腐は水きりを行ってから使って！ /

サラダをおいしく 仕上げるコツ

豆腐を使ったサラダは時間がたつと水っぽくなり、味がぼやけてしまいがち。木綿でも絹ごしでも、サラダを作る前には必ず水きりを。手軽なのはキッチンペーパーに包んだ豆腐を皿に置き、上に別の皿などをのせて重しにして20〜30分水きりする方法。ホットサラダの場合は、レンジで加熱（600Wで2分半〜3分程度が目安）して水きりをしても。

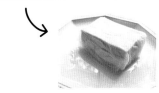

(潤い美肌) (エイジングケア) (美ボディ) (美髪)

豆腐と海藻のチョレギ風サラダ

ミネラルや食物繊維が豊富な海藻を豆腐と。ヘルシーだけどクセになる韓国風サラダ。

[材料] 作りやすい分量

木綿豆腐 … 1/2丁

海藻ミックス (乾燥)

　　… 大さじ山盛り1程度 (5g)

ごま油 … 大さじ1

A
- しょうゆ … 小さじ2
- おろしにんにく … 小さじ1/4
- きび砂糖 … ひとつまみ
- 白すりごま … 小さじ1/2
- 一味 … 少々

[作り方]

1　豆腐は手でちぎり、キッチンペーパーの上に約10分置いて水気をきる。海藻はたっぷりの水で戻しておく。

2　ボウルに1を入れ、ごま油を絡ませた後、Aを加えてざっくり混ぜ味を調える。

（潤い美肌）（エイジングケア）（美ボディ）（美髪）

豆腐とアボカドの半ホットサラダ

温めた豆腐と森のバターで、秋冬にもホクホクおいしいおかず的一品。

[材料] 作りやすい分量

木綿豆腐 … 1/2丁
アボカド（常温）… 1個

A
- オリーブオイル … 大さじ1
- レモン汁 … 大さじ1/2
- 塩・黒こしょう … 少々

[作り方]

1 豆腐はひと口大に切ってから、電子レンジ600Wで約3分温めた後、キッチンペーパーの上にあげて水気をきる。アボカドは種を取り除き食べやすい大きさに切る（P.11参照）。

2 ボウルに1を入れ、Aを加えてざっくり混ぜ、味を調える。

105

（潤い美肌）（エイジングケア）（美ボディ）（美髪）

シャインマスカットの 白あえ風サラダ

皮ごと食べられるシャインマスカットにはポリフェノールがたっぷり。
甘み旨みにほっこり癒されながらアンチエイジング！

[材料] 作りやすい分量

シャインマスカット … 15粒程度

充填絹ごし豆腐 … 100g

クリームチーズ … 15g

塩・黒こしょう … 少々

[作り方]

1 クリームチーズを常温におき、柔らかくしておく。

2 充填絹ごし豆腐は水気をきった後、ボウルに入れ泡立て器などでつぶす。なめらかになる手前、少し豆腐っぽさが残る状態くらいに。

3 シャインマスカットは縦半分に切る。

4 2のボウルに1を加え混ぜた後、3と塩・黒こしょうを加えざっくりあえ、味を調える。

Point

シャインマスカットの代わりに、いちご、金柑、桃、いちじく、柿、びわ…季節のフルーツでアレンジしても。「フルーツ白あえ風サラダ」を季節に合わせてぜひ楽しんで！

潤い美肌　エイジングケア　美ボディ　美髪　デトックス

カリフラワーの白あえ風サラダ

サッとゆでたカリフラワーのサクサク新食感。キレイにうれしい栄養もたっぷり。

[材料] 作りやすい分量

カリフラワー … 1/2株

充填絹ごし豆腐 … 100g

A ［ 液体白だし … 小さじ1/2
　きび砂糖 … ひとつまみ
　塩・黒こしょう … 少々

くるみ（トッピング用）
　… 適宜

[作り方]

1　カリフラワーはひと房ずつに切った後、茎側から縦に3つに薄切りにする。鍋に沸かしたお湯で、2〜3分ゆでる。サクッとした食感が残るくらいに（柔らかくなりすぎないよう注意）。

2　充填絹ごし豆腐は水気をきった後、ボウルに入れ泡立て器などでつぶす。なめらかになる手前、少し豆腐っぽさが残る状態くらいに。

3　2のボウルに1とAを入れざっくり混ぜ、味を調える。皿に盛り、砕いたくるみをトッピング。

潤い美肌　エイジングケア　美ボディ　美髪　デトックス

クレソンの白あえ風サラダ

クレソンの辛味×ねりごまでコクをプラスした豆腐が絶妙バランス！

[材料] 作りやすい分量

クレソン … 1束

充塡絹ごし豆腐 … 100g

A
　白ねりごま … 小さじ1/2
　めんつゆ … 小さじ1/4
　塩 … ひとつまみ

白すりごま (トッピング) … 適宜

[作り方]

1 充塡絹ごし豆腐は水気をきった後、ボウルに入れ泡立て器などでつぶす。なめらかになる手前、少し豆腐っぽさが残る状態くらいに。

2 クレソンは長さ約4cmに切る。

3 1のボウルに2とAを加えざっくり混ぜ、味を調える。皿に盛り、白すりごまをトッピング。

約180作からアクセス数が多い人気レシピ10選!

PV数ランキング

ここからは〝ニコサラダ〟にこだわらず、連載から抜粋してお届け!

1位
TODAY'S SALAD #15

(エイジングケア) (デトックス)

カボチャとカッテージチーズのサラダ

美肌＆免疫力をサポートするホクホクとしたカボチャのサラダは秋冬の定番!

[材料] 作りやすい分量

カボチャ … 1/4〜1/6個

オリーブオイル … 大さじ2

塩・黒こしょう … 少々

カッテージチーズ … 大さじ2

干しぶどう … 10粒〜20粒(お好みで)

くるみ … 適量

Point
カボチャの皮が残ることで緑色が見え隠れして、仕上がりがおしゃれに。

[作り方]

1 カボチャのわたをとり、皮をところどころあえて残しながらむき、約1cm角にざくざく切る。水をはった鍋に入れて火にかけ、カボチャが柔らかくなるまでゆでる。

2 1をざるにあげて水気をきり、温かいうちにボウルに移してフォークなどで粗くつぶし、オリーブオイルと塩・黒こしょうを加えて味付けを。

3 カッテージチーズと干しブドウ、砕いたくるみを加え、ざっくり混ぜる。

（潤い美肌）（エイジングケア）（デトックス）

アボカドとミニトマト、蛸のサラダ

美容にも健康にもいいことづくめのアボカド×トマトを
柚子こしょうを効かせたドレッシングで。蛸も食感＆味わいのアクセントに。

[材料] 作りやすい分量

アボカド … 1個

ミニトマト … 8個

ゆで蛸（生食用）… 1パック

レモン汁 … 大さじ2

A
┌ オリーブオイル … 大さじ2
│ 柚子こしょう … 小さじ1/4〜
│ ハチミツ … 小さじ1/4〜
└ 塩・黒こしょう … 適宜

[作り方]

1　蛸を食べやすい大きさにカットして、1〜2分軽く湯通しする。

2　アボカドは種を取り除き、食べやすい大きさに切り（P.11参照）ボウルに入れ、レモン汁をかけておく。ミニトマトは横半分にカットしてボウルに加える。

3　2のボウルに1も入れ、Aを加えてざっくり混ぜて味を調える。

2位
TODAY'S SALAD #17

111

（美ボディ）（デトックス）

桃モッツァレラサラダ

SNS上でも話題の「桃モッツァレラ」。
胃腸の調子を整えたり、むくみ解消や疲労回復にも効果が期待できる桃が主役。

[材料] 作りやすい分量

桃 … 1個

バジル … 6枚

モッツァレラチーズ
　　… 1/2〜1個（お好みの量で）

レモン … 1/2個

オリーブオイル … 大さじ1

塩・黒こしょう … 少々

[作り方]

1 桃は皮をむいて、ひと口大の乱切りに。バジルは洗って水気をきっておく。

2 モッツァレラチーズはオリーブオイルがなじみやすくなるよう、手で食べやすい大きさにちぎる。

3 皿に桃、チーズ、バジルをバランスよく盛り付け、オリーブオイルを回しかけ、塩・黒こしょうを振る。食べる前にレモンを絞って。

潤い美肌　エイジングケア　デトックス

スモークサーモンとじゃがいものサラダ

トップクラスの抗酸化作用があるサーモンを使えばたちまち、〝食べる美容液〟サラダに！

[材料] 作りやすい分量

じゃがいも … 2〜3個

オリーブオイル … 大さじ1

レモン汁 … 大さじ1

いんげん … 3〜4本

玉ねぎ … 1/2個

スモークサーモン … 20g

A
- オリーブオイル … 大さじ2
- レモン汁 … 大さじ1
- 白ワインビネガー … 大さじ1
- ハチミツ … 小さじ1/2程度
- 塩・黒こしょう … 少々

[作り方]

1 玉ねぎは約1mmの薄切りにし、10分程水にさらして辛みを抜いた後、ざるにあげて塩小さじ1/4(分量外)を振り、さらに10分程置いてしんなりさせる。

2 じゃがいもは皮をむき、幅約8mmに切る。たっぷりの水をはった鍋にじゃがいもを入れ火にかけ、程よい硬さになるまでゆでる。ゆで上がったらざるにあげ水気をきり、ボウルに入れてオリーブオイルとレモン汁各大さじ1を回しかけて下味をつけておく。いんげんも軽くゆで、断面が斜めになるように3〜4cmの長さにカット。

3 別の器でAをすべて混ぜて、ドレッシングを作る。皿に**1**と**2**、スモークサーモンをバランスよく盛り、ドレッシングを回しかける。

4位
TODAY'S SALAD #14

5位 TODAY'S SALAD #21

ラ・フランスと生ハムの
アペタイザー風サラダ

日本の桃の2倍もの食物繊維を含み、胃腸
のお掃除にも◎。アスパラギン酸が代謝を
促し疲労回復効果も。上質なオリーブオイ
ルを回しかけ、黒こしょうをガリッと挽け
ば、おもてなしにもぴったりの一品に。

材料や作り方の詳細
美的.com「門司紀子のToday's SALAD ＃21」を
チェック！

美ボディ　デトックス

6位 TODAY'S SALAD #6

やみつきツナサラダ

私が野菜嫌いだった小学校低学年のころ
に母が作ってくれ、野菜好きになるきっか
けとなったサラダ！　見た目は地味めで
すが…ほの甘しょっぱ酸っぱ味にツナの
旨味も相まって、野菜がモリモリ食べられ
ます。冷蔵庫に余った野菜でトライ。

材料や作り方の詳細
美的.com「門司紀子のToday's SALAD ＃6」を
チェック！

潤い美肌　エイジングケア　美ボディ　デトックス

7位 TODAY'S SALAD #20

アボカドとミニトマトの
塩昆布サラダ

抗酸化、アンチエイジング、ダイエットな
どにおすすめの栄養価の高いアボカドと、
美肌効果たっぷりのミニトマトを、カット
して、お皿に盛って、ごま油と塩昆布で味
付けするだけ。お酒にも抜群に合う〜！

材料や作り方の詳細
美的.com「門司紀子のToday's SALAD ＃20」を
チェック！

潤い美肌　透明感アップ　美ボディ

8位 TODAY'S SALAD #3

いちじくとモッツァレラチーズのサラダ仕立て

不老不死の果物・いちじくは肌にも体にもイイコトたくさん！　皮はむかずにそのまま使って、ポリフェノールをよりたっぷりと摂取。モッツァレラチーズ、トマト、ベビーリーフと合わせて美容効果劇的アップ！

材料や作り方の詳細

美的.com「門司紀子の Today's SALAD ＃3」をチェック！

潤い美肌　エイジングケア　美ボディ　デトックス

9位 TODAY'S SALAD #25

いちごとクレソン、モッツァレラチーズのサラダ

初春からGW前にかけて頻繁に作りたい、ビタミンCの美肌効果をたっぷりと狙える「いちご」が主役のサラダ。味付けは、オリーブオイル、バルサミコ酢、塩・黒こしょうのみでシンプル イズ ザ ベスト！

材料や作り方の詳細

美的.com「門司紀子の Today's SALAD ＃25」をチェック！

潤い美肌　透明感アップ　エイジングケア　美ボディ

10位 TODAY'S SALAD #23

ミックスビーンズのツナサラダ

缶や袋に入って売っていてそのまま使える「ミックスビーンズ」を活用した、肌＆胃腸のキレイに効くサラダ。ツナの旨みと玉ねぎ＆三つ葉のシャキシャキ感が相まって、お豆が格段においしいひと皿に！

材料や作り方の詳細

美的.com「門司紀子の Today's SALAD ＃23」をチェック！

エイジングケア　美ボディ　美髪　デトックス

栄養価はもちろん、見た目にテンション上がる8選！

見映えランキング

盛り付けや色鮮やかさが目を引くサラダは、おもてなしにもぜひ♪

1位
TODAY'S SALAD #48

(潤い美肌) (透明感アップ) (エイジングケア) (デトックス)

ブルーベリーのカラフルフルーツサラダ

肌や体のサビを防いでくれるブルーベリー×美肌効果が期待できる食材を
ミックスしてみずみずしく仕上げたフルーツサラダ。食欲がないときにもおすすめ。

[材料] 作りやすい分量

ブルーベリー … 好みの量

オレンジ … 1個

キウイ … 1個

ミニトマト … 6個

A ┌ オリーブオイル … 大さじ1
  │ りんご酢 … 大さじ1
  └ 塩・黒こしょう … 少々

ピンクペッパー … 適宜

[作り方]

1 オレンジは皮をむき食べやすい大きさに、ミニトマトは半分に、キウイは皮をむき、縦半分にカットし、さらに幅約5mmに切る。

2 ボウルに1とブルーベリーを入れ、Aを加えてざっくり混ぜ、味を調える。

3 器に盛り、ピンクペッパーを指で砕きながらトッピングしさらに鮮やかなアクセントに。

（美ボディ）（美髪）（デトックス）

ゆで卵と燻製ナッツのポテトサラダ

大好きなお店の人気の一品をヒントに。ゆで卵と燻製ナッツでポテサラが新鮮味に。

[材料] 4人分

ゆで卵（半熟）… 2個

じゃがいも … 2個

玉ねぎ … 1/4個

きゅうり … 1/2本

ツナ … 1缶

塩 … 小さじ1/2

A ┌ オリーブオイル … 大さじ1
  │ レモン汁 … 大さじ1
  └ 塩 … 小さじ1/4

B ┌ マヨネーズ … 大さじ1 1/2〜2
  └ 黒こしょう … 少々

C ┌ オリーブオイル … 大さじ1
  │ 粒マスタード … 小さじ1/4
  └ 白ワインビネガー … 大さじ1/2

燻製ナッツ … 適宜

[作り方]

1 玉ねぎは薄切りにし、水に約10分さらした後、小さじ1/4程度の塩（分量内）を振る。きゅうりも薄切りし、小さじ1/4程度の塩を振り、それぞれ10分程置いてしんなりさせる。

2 じゃがいもは皮をむき、乱切りに。水をはった鍋に入れて火にかけて柔らかくなるまでゆで、ざるにあげて水気をよくきったらボウルに移す。温かいうちにフォークでつぶし、Aを加えて下味をつけておく。

3 2のボウルに、水気をよく絞った1、油をきったツナ、Bを加えてよく混ぜ、味を調える。さらに砕いた燻製ナッツを加えてざっくり混ぜる。

4 小さいボウルにCを入れ、トッピング用のドレッシングを作る。小皿にひとり分ずつのポテトサラダを盛り、半分に割ったゆで卵を上にのせる。その上からドレッシングを少量ずつかける。

2位
TODAY'S SALAD #152

3位 TODAY'S SALAD #123

〝冷やし中華 始めました〟サラダ

具材はきゅうり、トマト、カニカマ＋α、自由な発想で…。冷やし中華風の盛り付けが決め手。栄養バランスよく、しょうゆ＋酢のさっぱりドレッシングのサラダは、夏バテ気味な体を癒すのにもぴったり！

材料や作り方の詳細

美的.com「門司紀子のToday's SALAD ＃123」をチェック！

美ボディ　デトックス

4位 TODAY'S SALAD #108

いちごと金柑と ブッラータチーズ

ブッラータとは、フレッシュな生クリームと繊維状にしたモッツァレラを、モッツァレラの生地で包んだチーズのこと。ビタミンCたっぷりで美肌をサポートしてくれるいちご＆金柑と合わせて、幸せすぎるひと皿♡

材料や作り方の詳細

美的.com「門司紀子のToday's SALAD ＃108」をチェック！

透明感アップ　エイジングケア　美ボディ　美髪

5位 TODAY'S SALAD #116

紅芯大根と キヌアのサラダ

一般的な大根よりも抗酸化力が劇的に高く、鮮やかな色合い＆サクサクとした食感が特徴的な紅芯大根。食物繊維たっぷりのスーパーフード・キヌアと合わせ、和食にも合うさっぱりとした味付けで。

材料や作り方の詳細

美的.com「門司紀子のToday's SALAD ＃116」をチェック！

エイジングケア　美ボディ　デトックス

6位 TODAY'S SALAD #102

メキシカンサラダ

肌や髪の乾燥が気になる季節に作りたい、たんぱく質がたっぷりとれるサラダ。牛豚の合いびき肉とミックスビーンズをスパイシーに味付けしてトッピング。さらにトルティーヤチップスも添えて、メキシカン風味のおつまみサラダに。

美的.com「門司紀子のToday's SALAD＃102」をチェック！

潤い美肌　美ボディ　美髪

7位 TODAY'S SALAD #30

トマト、きゅうり、黒オリーブとフェタチーズのギリシャ風サラダ

アンチエイジング効果がパワフルなトマトとオリーブ、さらにむくみを改善するきゅうりを、ギリシャ名産のフェタチーズとともに。チーズの独特の塩気にハマる！

材料や作り方の詳細

美的.com「門司紀子のToday's SALAD＃30」をチェック！

透明感アップ　エイジングケア　美ボディ　デトックス

8位 TODAY'S SALAD #76

エディブルフラワーの彩りサラダ

食用の花・エディブルフラワーは、ビタミンAやC、食物繊維など栄養バランスも◎。サラダにトッピングするだけで心ときめくスペシャルなひと皿に！　ちょっぴり苦みのある風味が程よいアクセント。

材料や作り方の詳細

美的.com「門司紀子のToday's SALAD＃76」をチェック！

透明感アップ　エイジングケア

門司紀子が自信をもっておすすめするレシピ8選!

「絶対作って欲しい」ランキング

前出ランキングからは漏れつつも…なにがなんでも推したいサラダ!

1位
TODAY'S SALAD #113

(潤い美肌) (エイジングケア) (美ボディ)

クレソンとアボカドのサラダ

最強美容食材コンビ。味付けは、ナンプラーがひねりのあるアクセントに!

[材料] 作りやすい分量

クレソン … 1/2束

アボカド … 1個

レモン汁 … 小さじ1

A
┌ オリーブオイル … 大さじ1弱
│ レモン汁 … 小さじ1〜2
│ ナンプラー … 小さじ1/2
└ 塩・黒こしょう … 少々

クリームチーズ(お好みで
　トッピング用に) … 適宜

[作り方]

1 クレソンは食べやすいよう、長さ3〜4cm
に切る。アボカドをカット(P.11参照)し、ボ
ウルに入れ、レモン汁を振っておく。

2 1のボウルにクレソンとAを加え、ざっくり
混ぜて味を調える。

3 皿に盛り、クリームチーズを適宜トッピング
してできあがり!

（エイジングケア）（美ボディ）（デトックス）

フレッシュマッシュルームと
エシャレットのサラダ

脇役のイメージが強いマッシュルームをサラダの主役に！
早摘みのらっきょう・エシャレットを合わせれば、デトックスも美肌もサポート。

[材料] 作りやすい分量

マッシュルーム … 約7個

エシャレット … 3本

A　オリーブオイル … 大さじ1〜2
　　白ワインビネガー … 大さじ1〜2
　　塩・黒こしょう … 少々

レッドキャベツスプラウト
　（トッピング用）… 適宜

[作り方]

1 マッシュルームは薄切りに。エシャレットは細かく刻む。

2 ボウルに1を入れ、Aを加えてざっくり混ぜ、味を調える。

3 皿に盛り、レッドキャベツスプラウトをトッピング。

2位
TODAY'S SALAD #44

3位 TODAY'S SALAD #75

そら豆の
ツナタマゴサラダ

たんぱく質、ビタミンB群や葉酸などを含み、ほくほく食感が魅力の春の味覚・そら豆。卵とツナを組み合わせて旨味たっぷり、さらにスーパーフード的食材・ブロッコリースプラウトをプラスして栄養価もアップ。

材料や作り方の詳細

美的.com「門司紀子のToday's SALAD ＃75」をチェック！

潤い美肌　エイジングケア　美ボディ　美髪

4位 TODAY'S SALAD #168

白菜とピーマンの
パリパリ塩昆布サラダ

むくみや便秘の解消、さらに抗酸化効果も狙える、白菜とピーマンを生のまま使う新鮮な味わいのサラダ。作ってすぐに食べればパリパリ食感でフレッシュな味わい、少ししたつとしんなりと味が染みてまた旨し！

材料や作り方の詳細

美的.com「門司紀子のToday's SALAD ＃168」をチェック！

エイジングケア　デトックス

5位 TODAY'S SALAD #50

いぶりがっこの
ポテトサラダ

冬の時期に大根をいろりの上に吊るした後、米ぬかで漬け込んだ、雪国である秋田名産の発酵食品・いぶりがっこをサラダに活用。独特の香ばしい香りと、大根の歯ごたえのよさで、ひとひねりあるポテサラに！

材料や作り方の詳細

美的.com「門司紀子のToday's SALAD ＃50」をチェック！

デトックス

6位　TODAY'S SALAD #104

プチヴェール※のマヨごま
おかかがけサラダ

芽キャベツとケールを交配して作られた、12〜3月に出回る栄養価の高い野菜・プチヴェール。レンチンして、マヨネーズとすりごま、おかかであえるだけの超簡単サラダは、ずっと食べ続けたくなるほど！

材料や作り方の詳細

美的.com「門司紀子の Today's SALAD # 104」をチェック！　※増田採種場の登録商標

透明感アップ　エイジングケア　デトックス

7位　TODAY'S SALAD #93

やみつきBLTサラダ

低カロリーでビタミンや食物繊維がとれるレタスに、美肌効果の高いトマト、さらにたんぱく質が豊富なベーコンを大胆にオン！　酸味がありながらもマイルドな味付けなので、メンズウケも抜群なひと皿。

材料や作り方の詳細

美的.com「門司紀子の Today's SALAD # 93」をチェック！

潤い美肌　美ボディ　美髪

8位　TODAY'S SALAD #85

きゅうりと
鶏ささみのサラダ

カリウムを豊富に含み、利尿作用もあるので気になるむくみを和らげる働きがあるきゅうりは、低カロリー＆高たんぱくの鶏ささみを組み合わせて栄養バランスアップ。シンプルな味付けで箸が止まらない！

材料や作り方の詳細

美的.com「門司紀子の Today's SALAD # 85」をチェック！

透明感アップ　美ボディ　デトックス

果 物

きのこ類

肉・肉加工品

魚介類・魚介加工品・海藻類

門司紀子（もんじ のりこ）／フリーランス エディター＆ライター

大学在学中に女性ファッション誌の編集アシスタントを経て独立。『美的』や『Oggi』などで企画・撮影ディレクション・執筆までを担当。担当する記事はビューティ関連をメインに、食、料理、旅、ファッション、ゴルフまで多岐にわたる。強靭な胃腸をもつ食いしん坊がゆえ、趣味は弾丸食い倒れ旅＆自作料理を振る舞うホームパーティ。著書に『台北日帰り弾丸旅 食べまくり！1年12回』、『弾丸トラベライターの台湾妄想旅ごはん』（ともに小学館）。美的.comの連載「美容エディター・門司紀子のToday's SALAD」は4年を超え、オリジナルレシピ数は180点以上に及ぶ。Instagramアカウント　@norikomonji

【各BEAUTY FOOD栄養素監修】
高杉保美（たかすぎ ほみ）

管理栄養士／ヘルスビューティアドバイザー。今までに2,000人以上に栄養指導。重力に負けないカラダづくりを食事から徹底的にサポート。ダイエットの敵であるストレスに負けない栄養指導をライフスタイル別・体質別に行う。自身も管理栄養士を取得後に半年間でマイナス15kgのダイエットに成功している。

たった2コの食材でキレイになれる
魔法の"ニコサラダ"

2021年10月20日　初版第1刷発行

著　者　門司紀子
発行者　兵庫真帆子
発行所　株式会社 小学館
　　　　〒101-8001　東京都千代田区一ツ橋2-3-1
　　　　電話（編集）03-3230-5519
　　　　　　　（販売）03-5281-3555
印刷所　共同印刷 株式会社
製本所　牧製本印刷 株式会社

STAFF

調理・撮影・スタイリング・構成
門司紀子

栄養素監修
高杉保美

デザイン
菅谷真理子（マルサンカク）

校正
玄冬書林

制作
望月公栄

販売
根來大策

宣伝
細川達司

編集
加藤絢子（美的ブランド室）